Locktoberfest

By Terri Logue

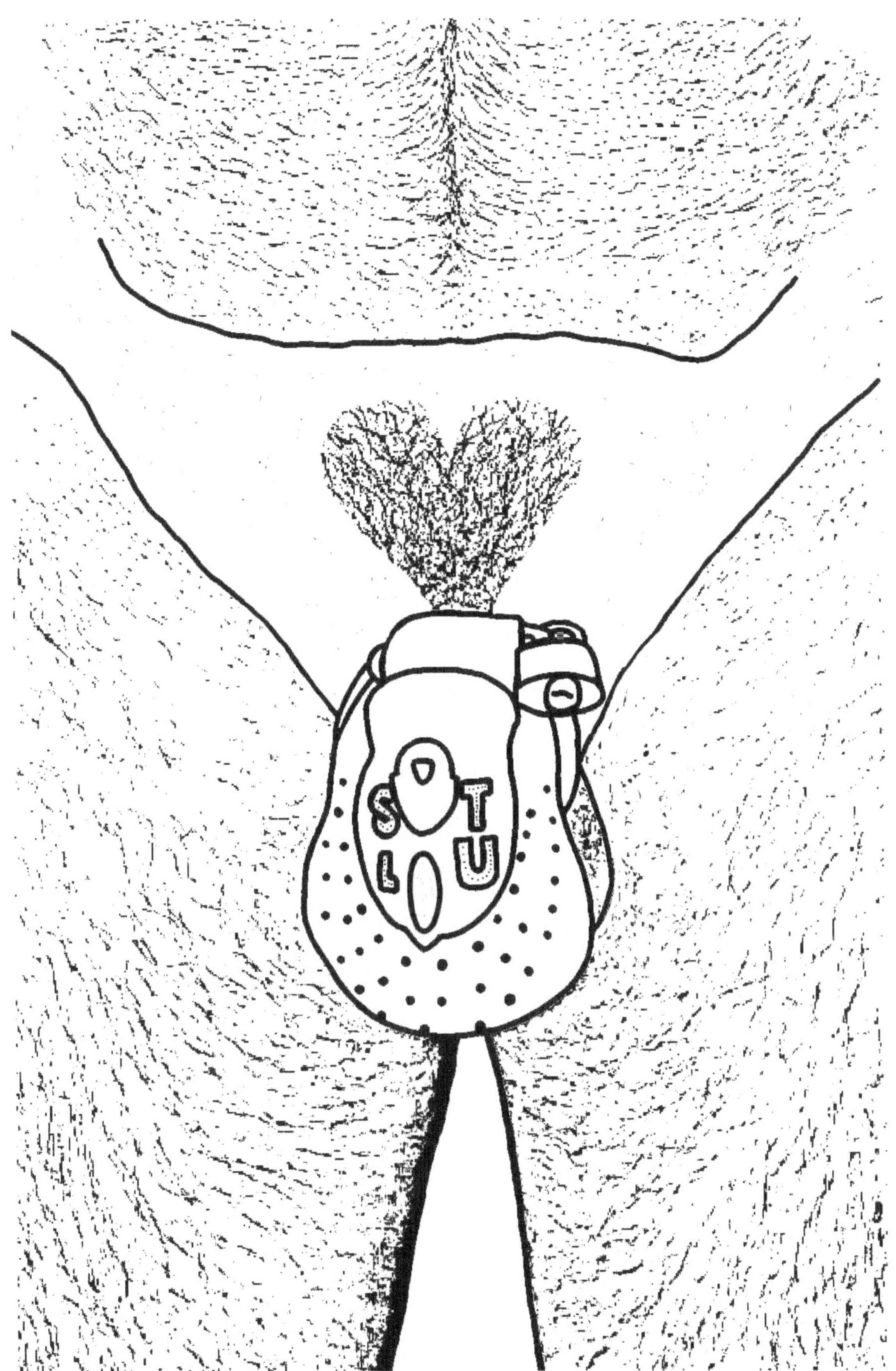

S T
L U
O

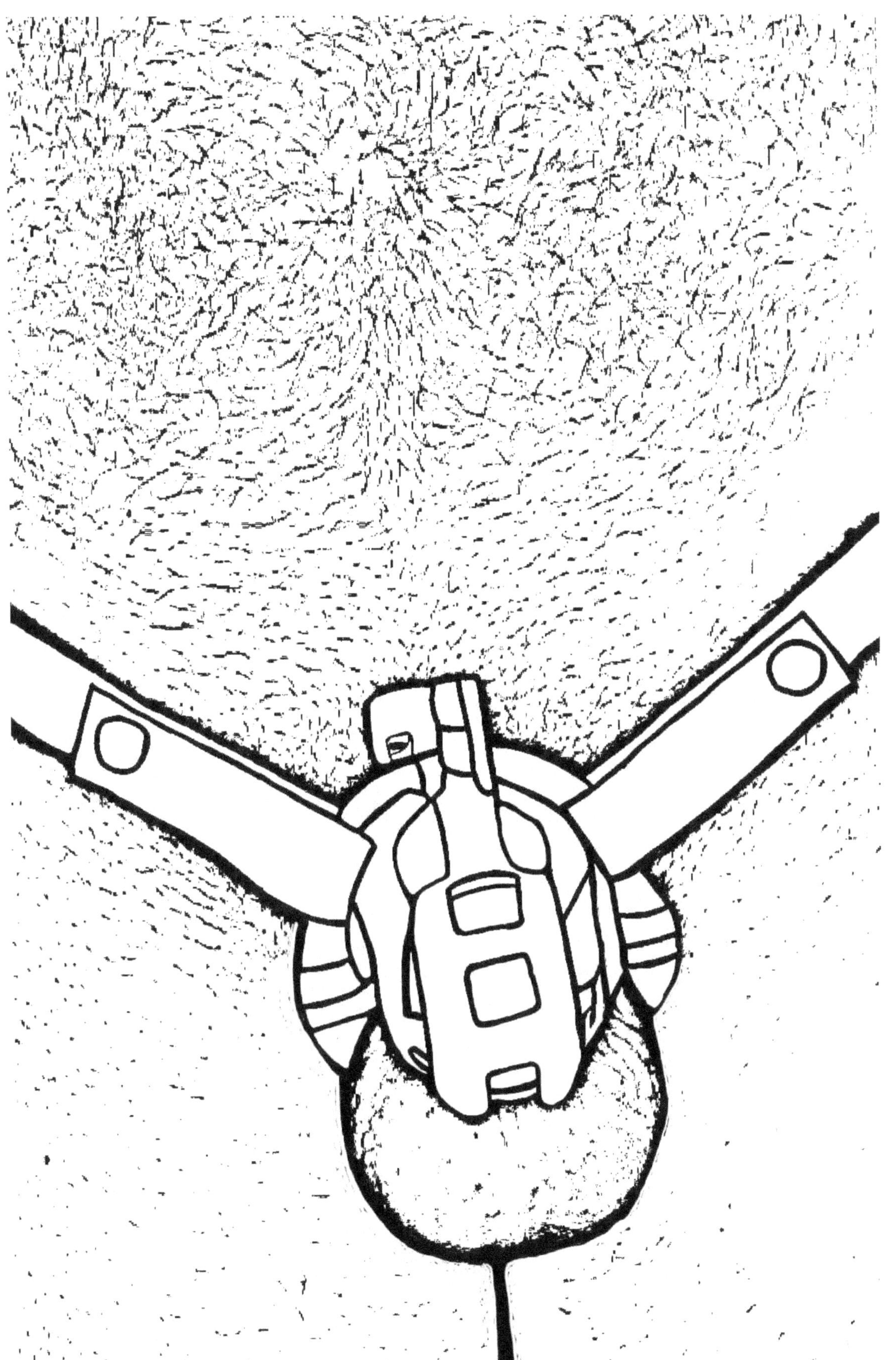

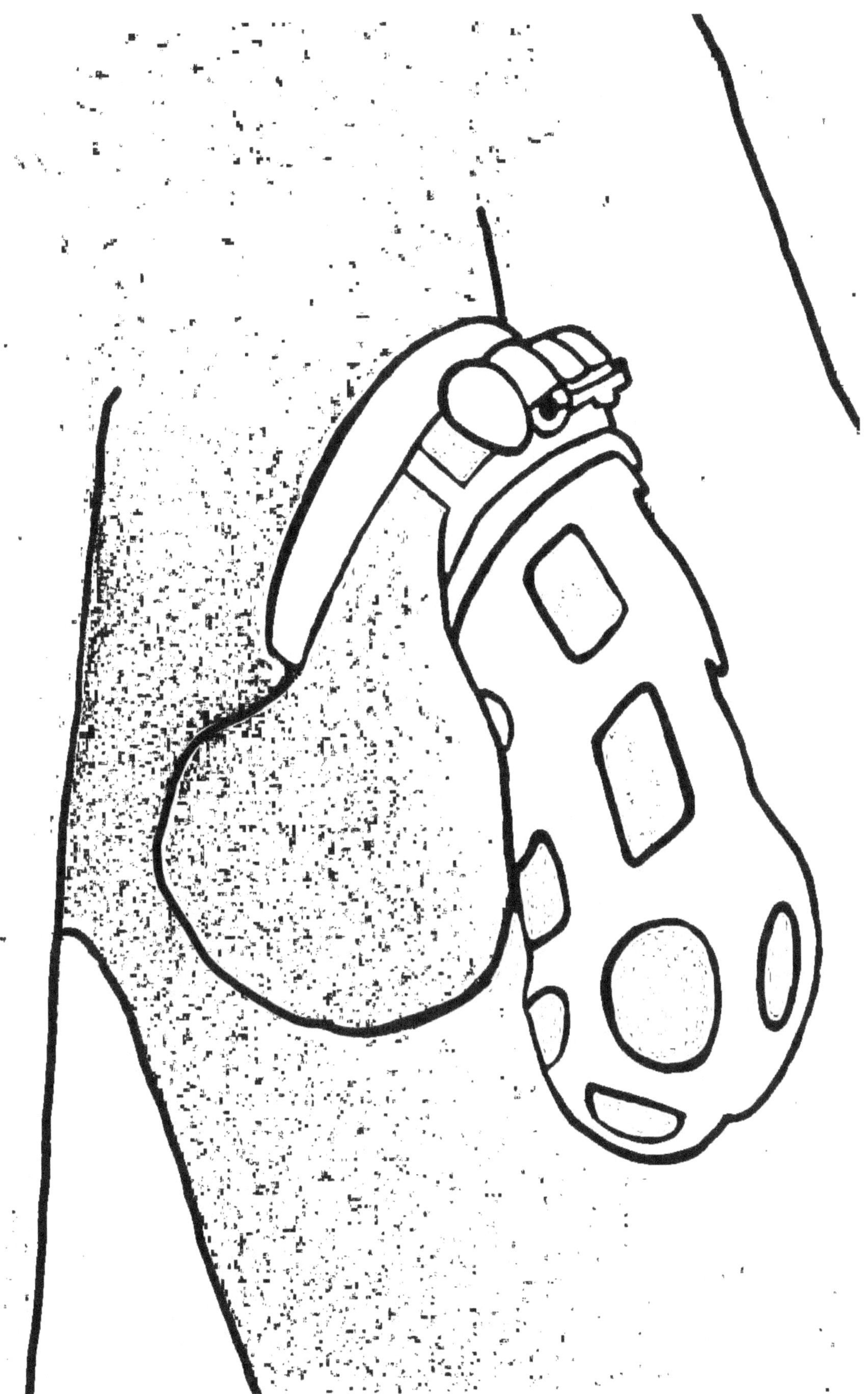

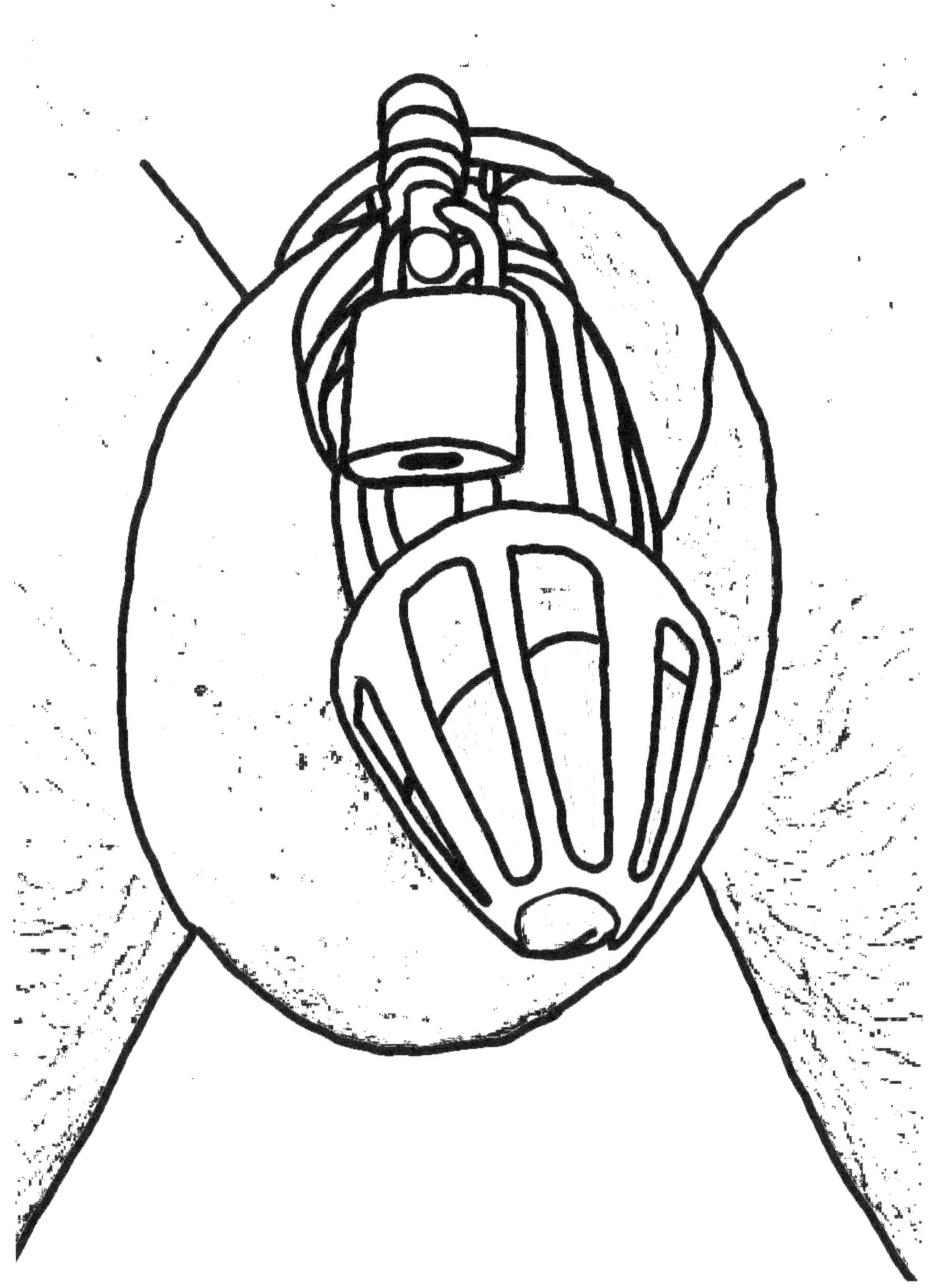

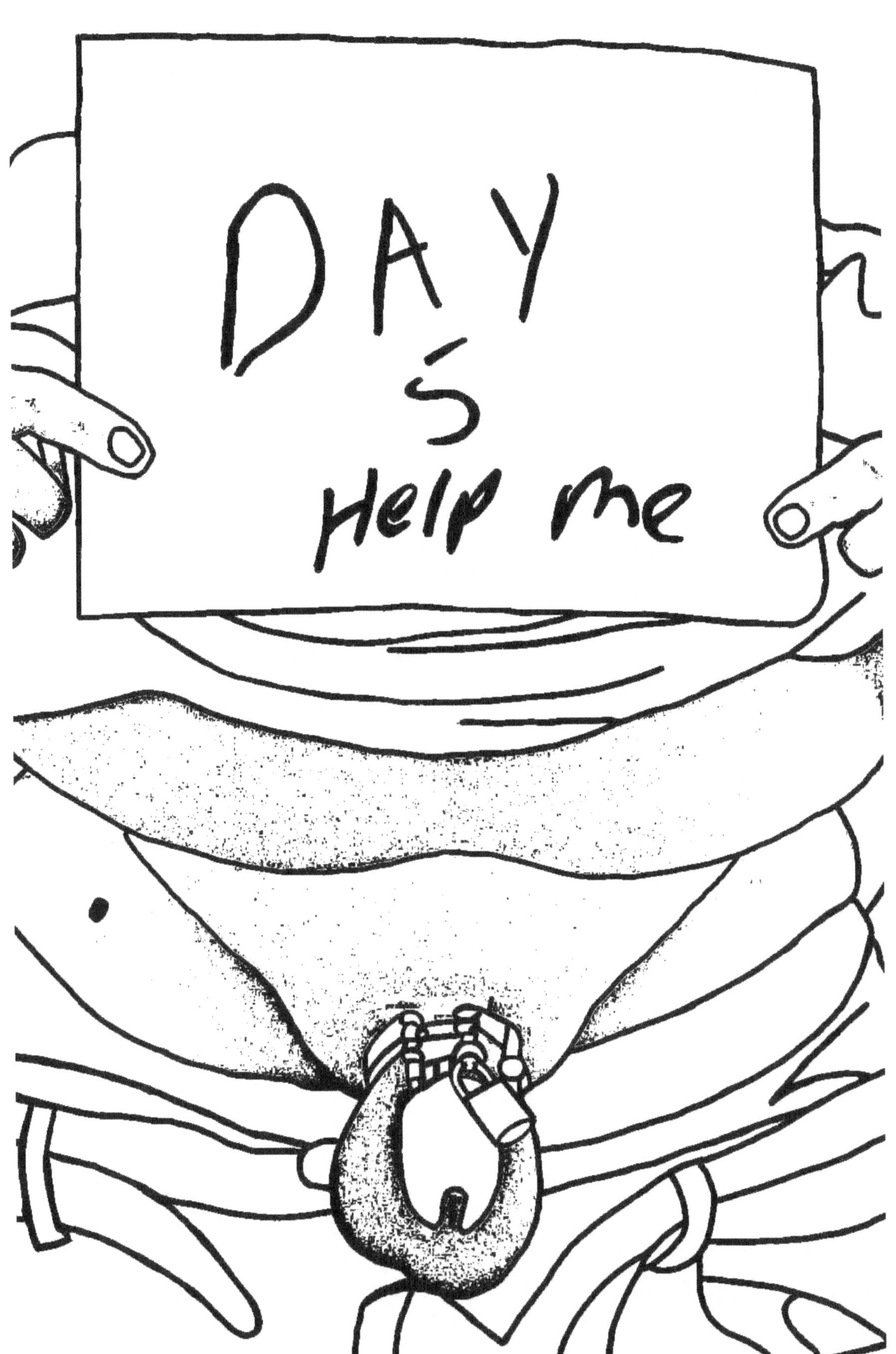
DAY
5
Help me

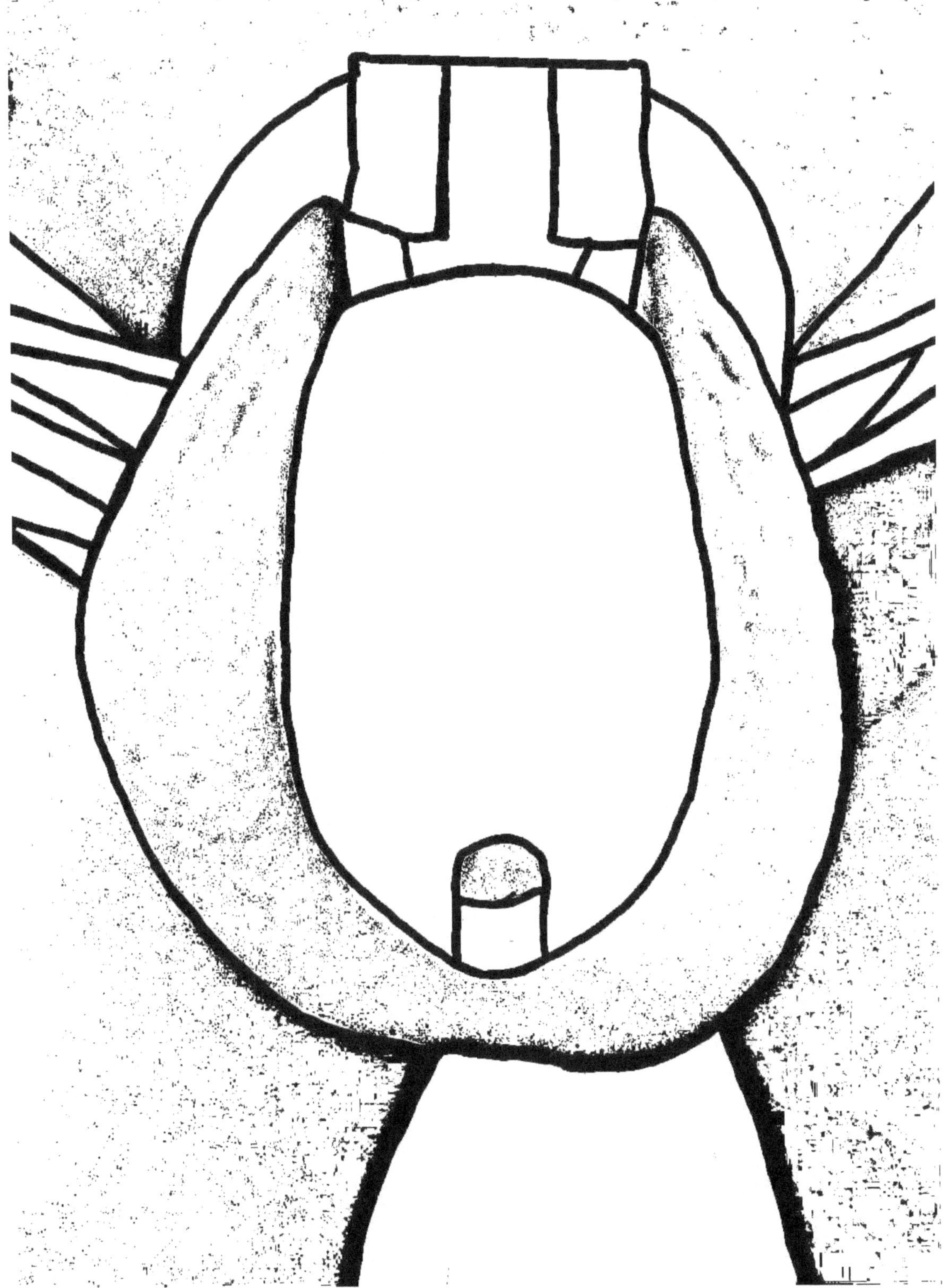

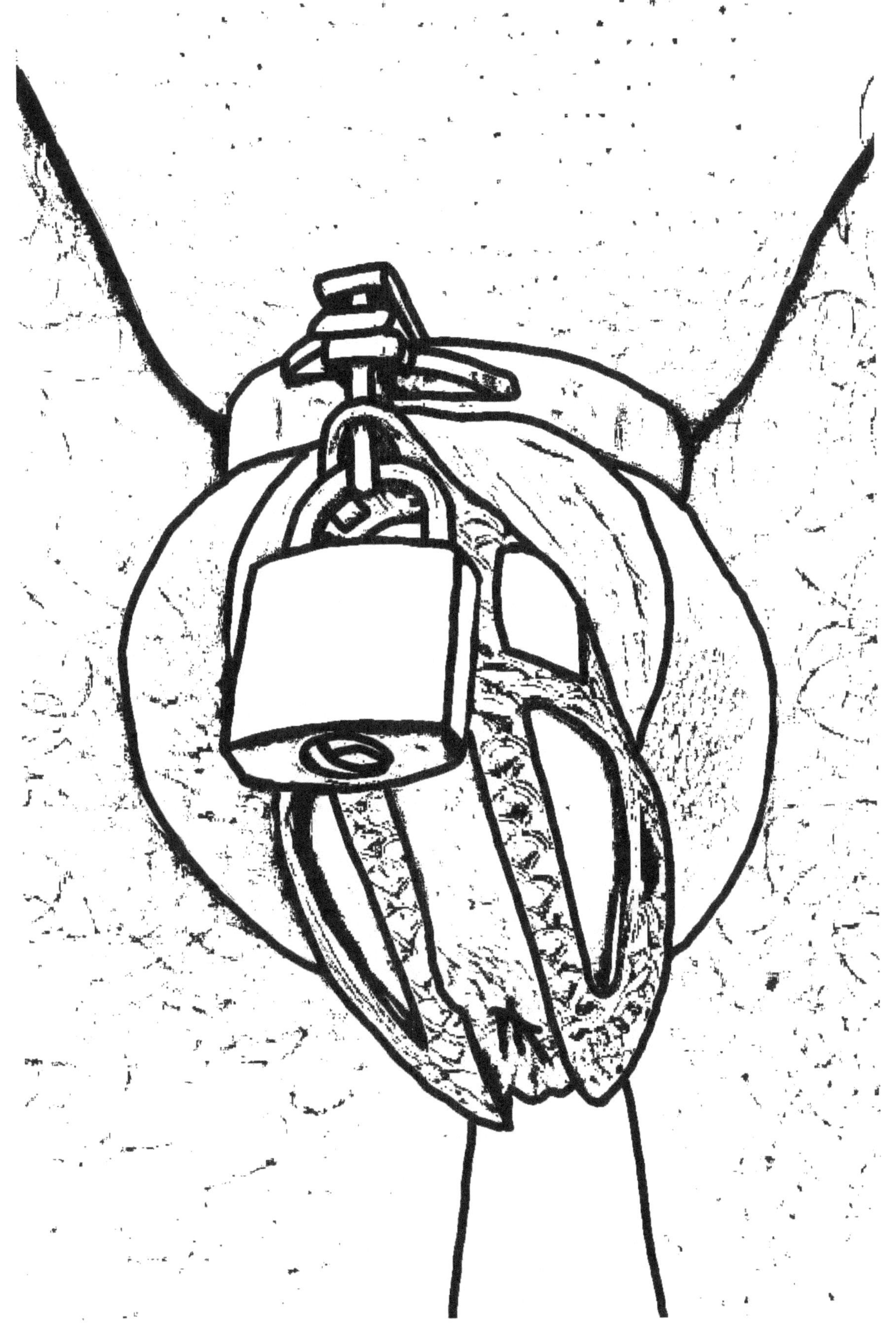

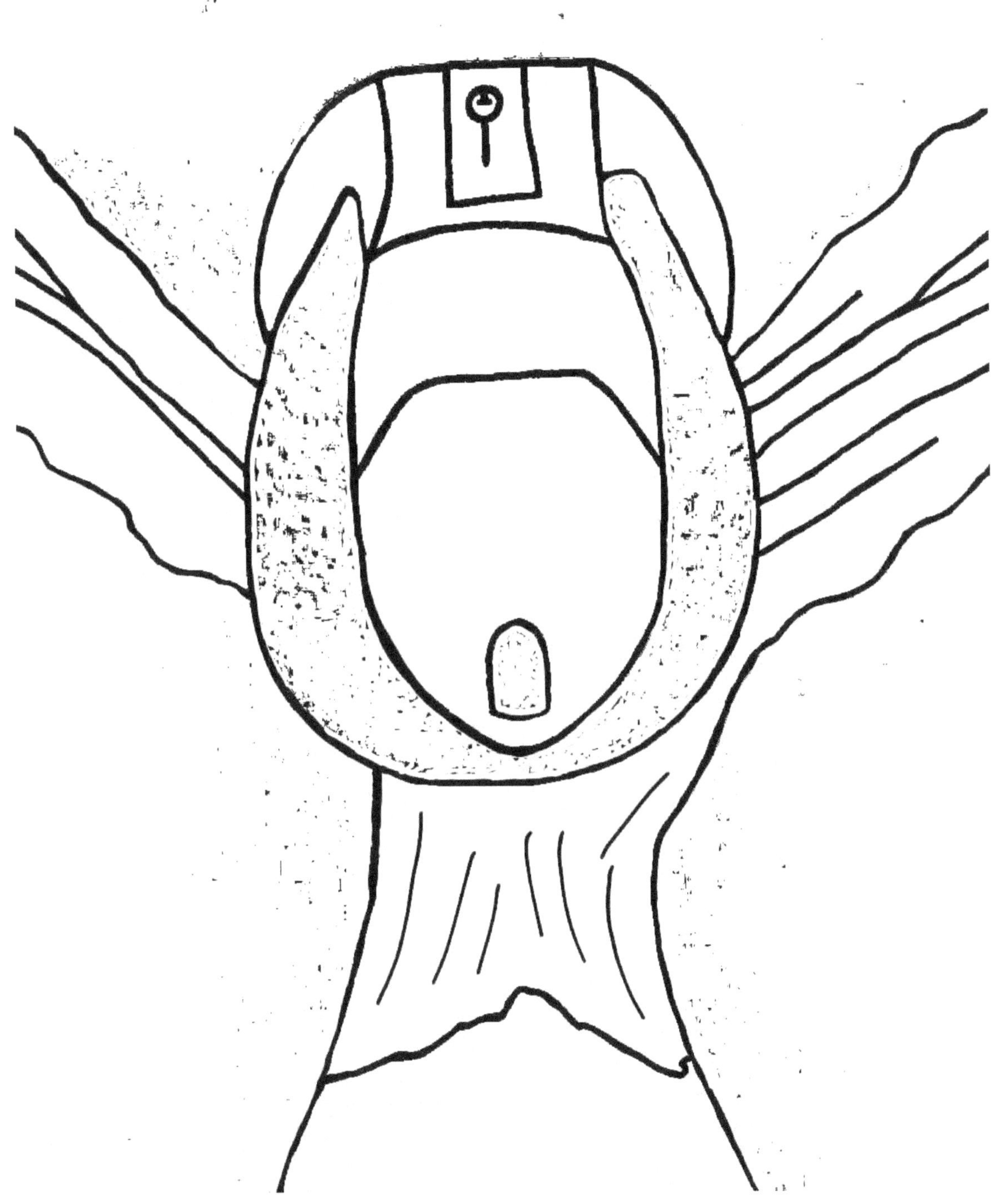

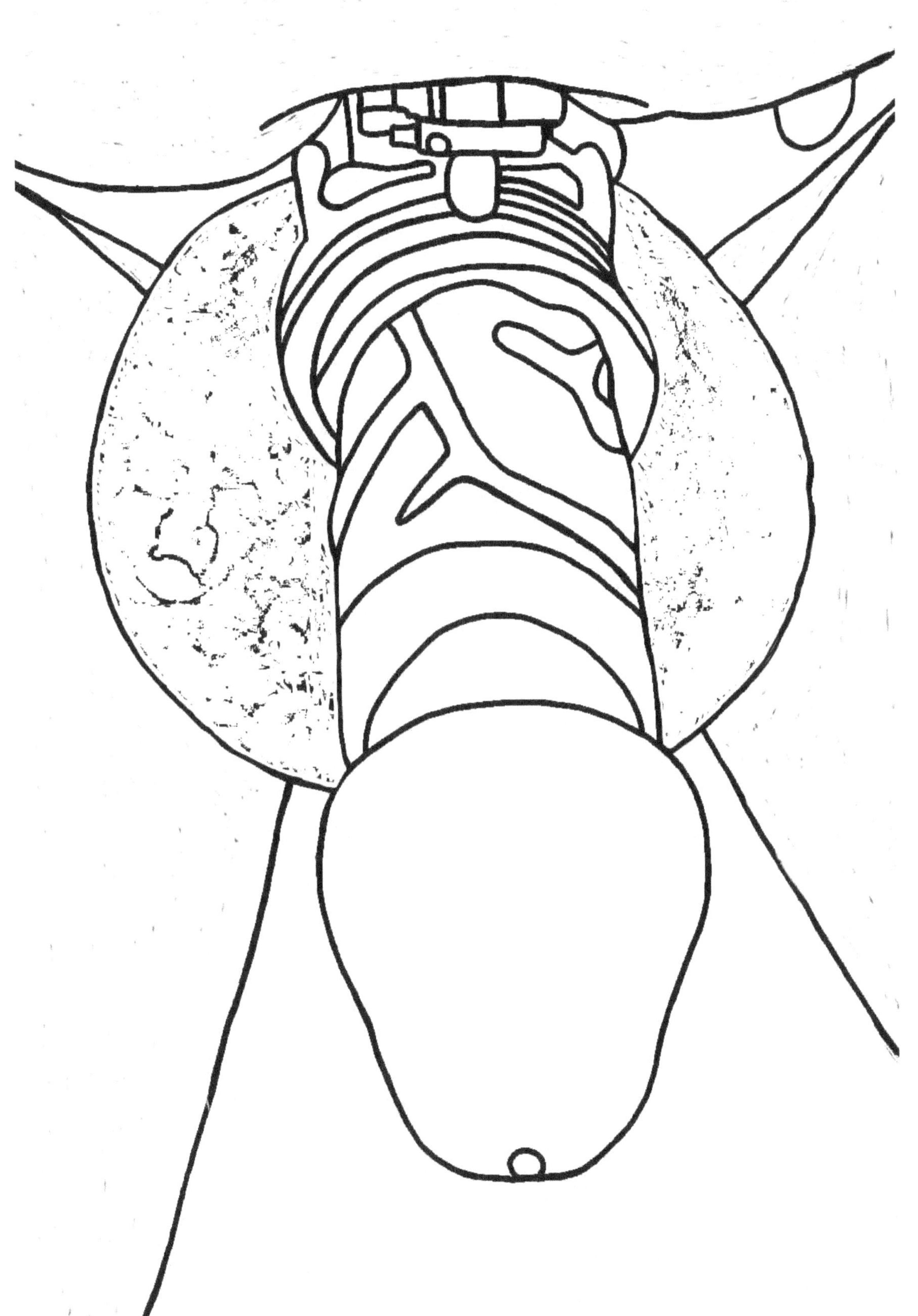

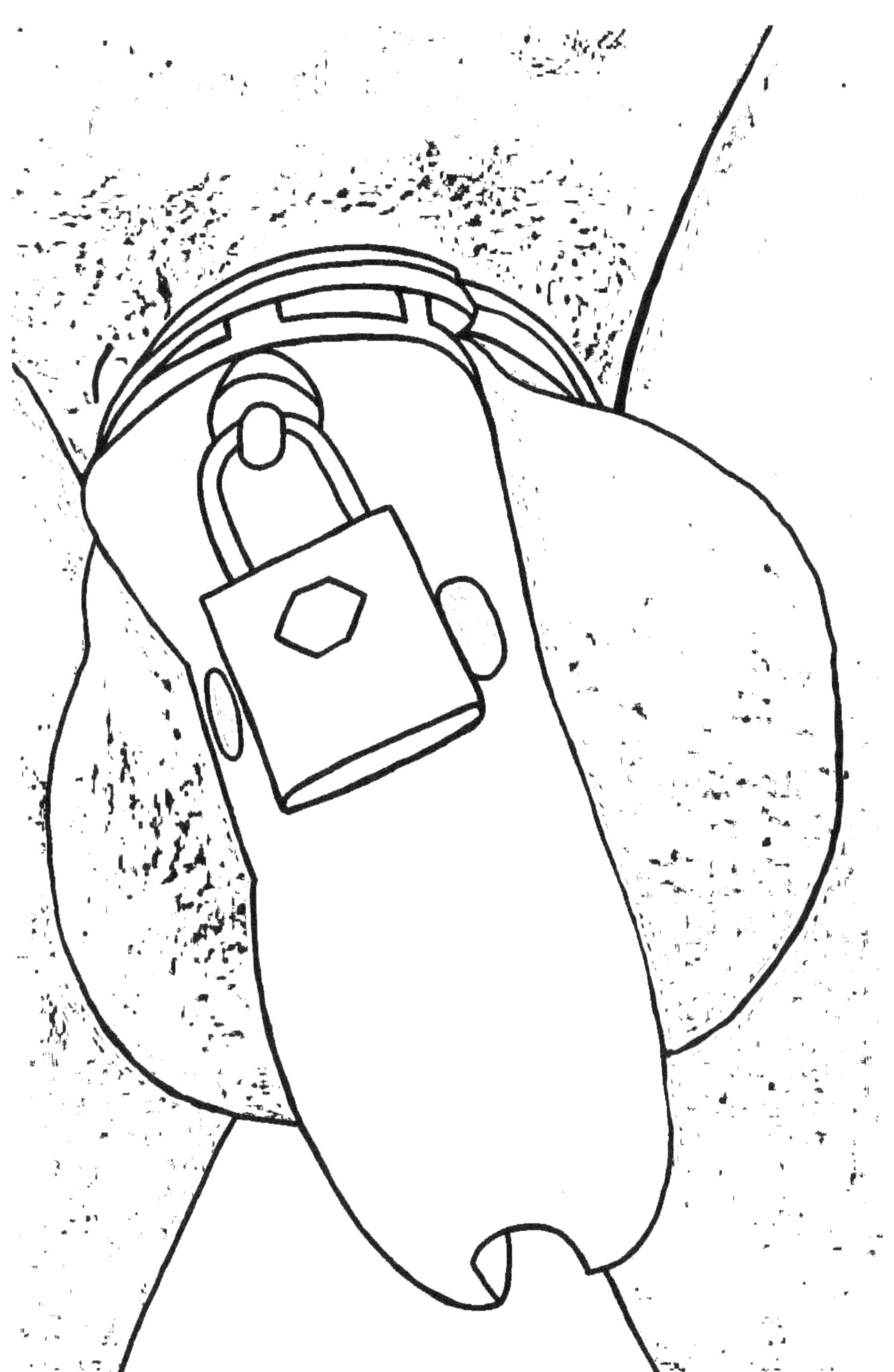

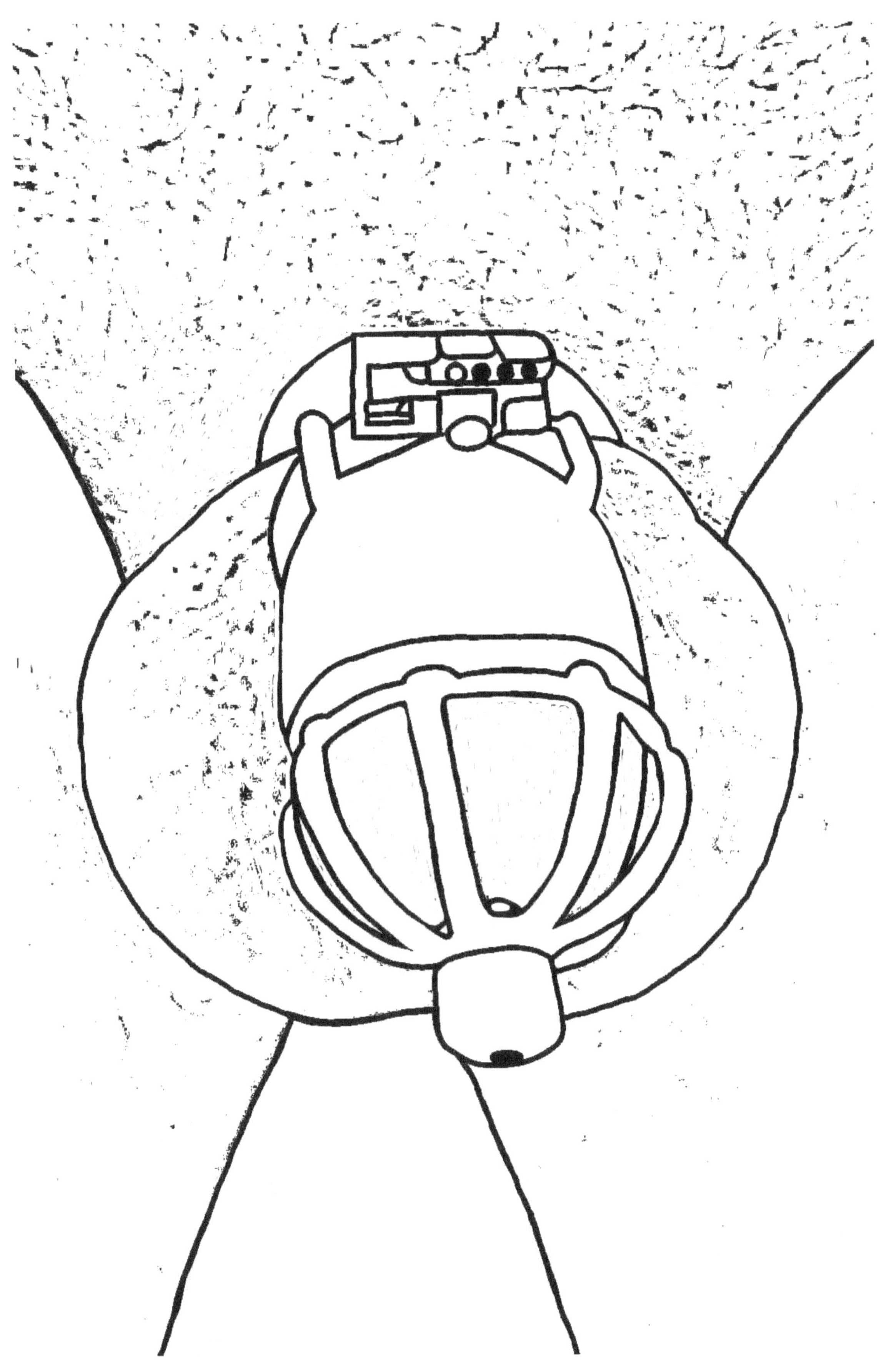

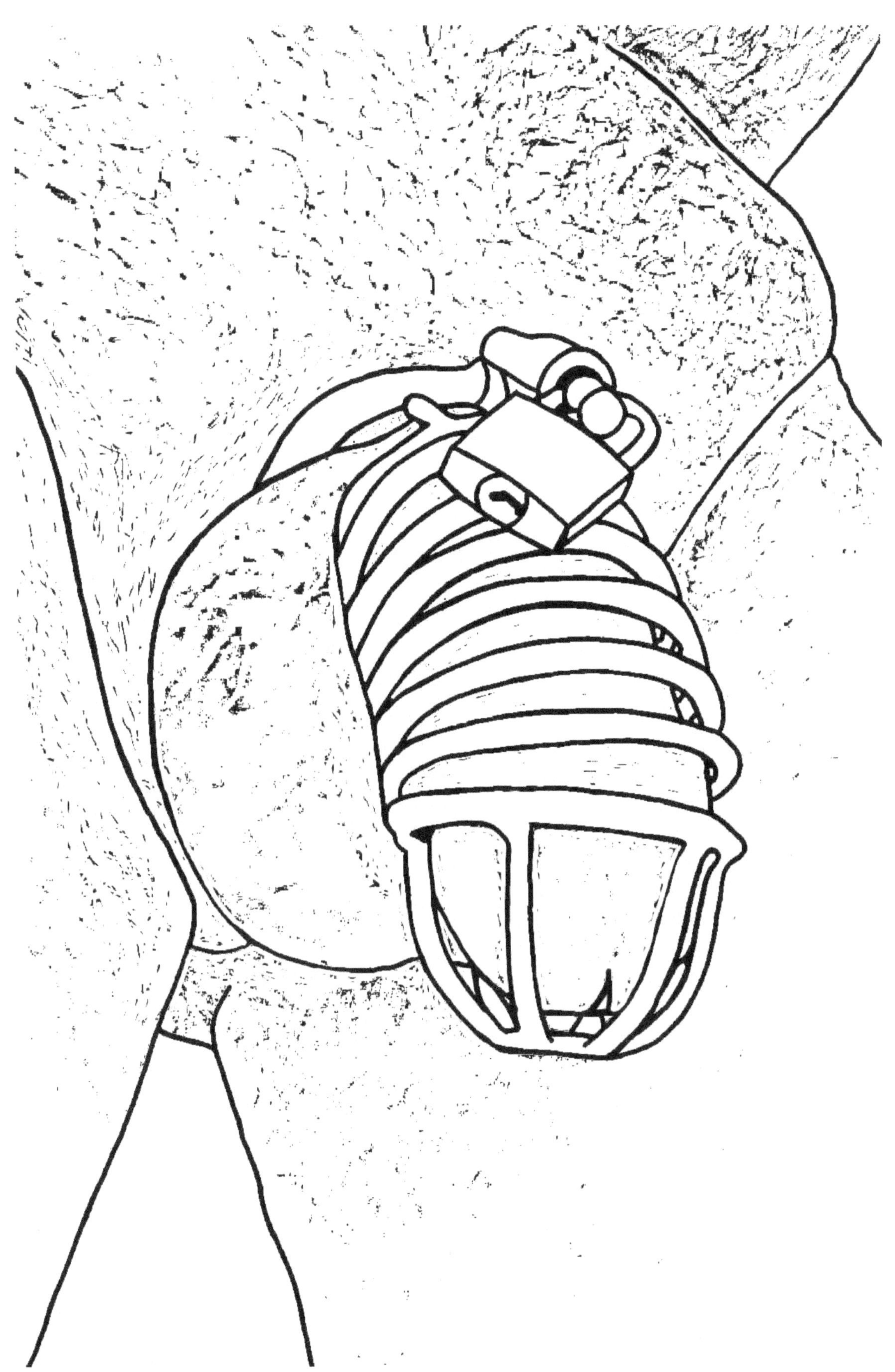

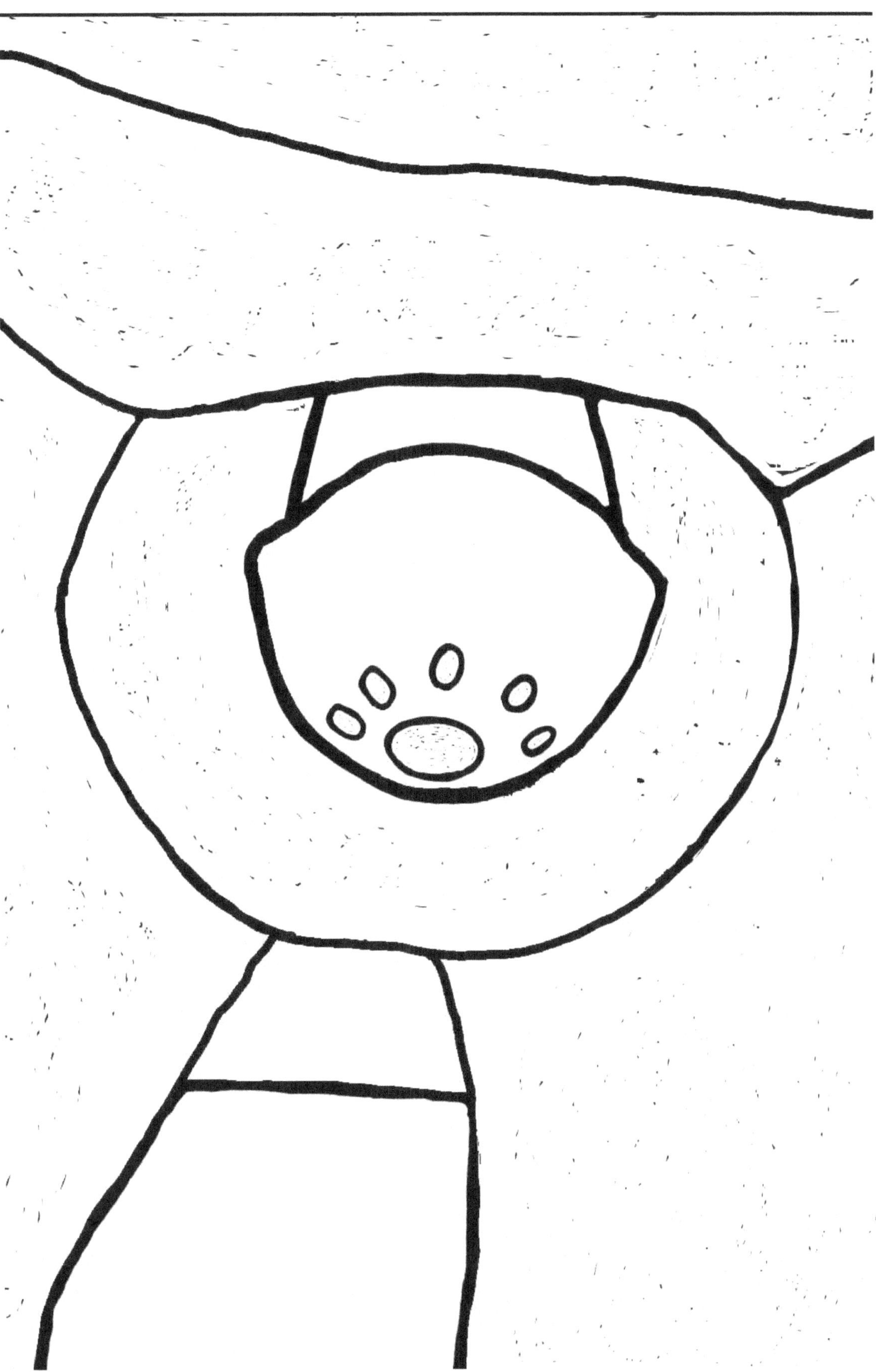

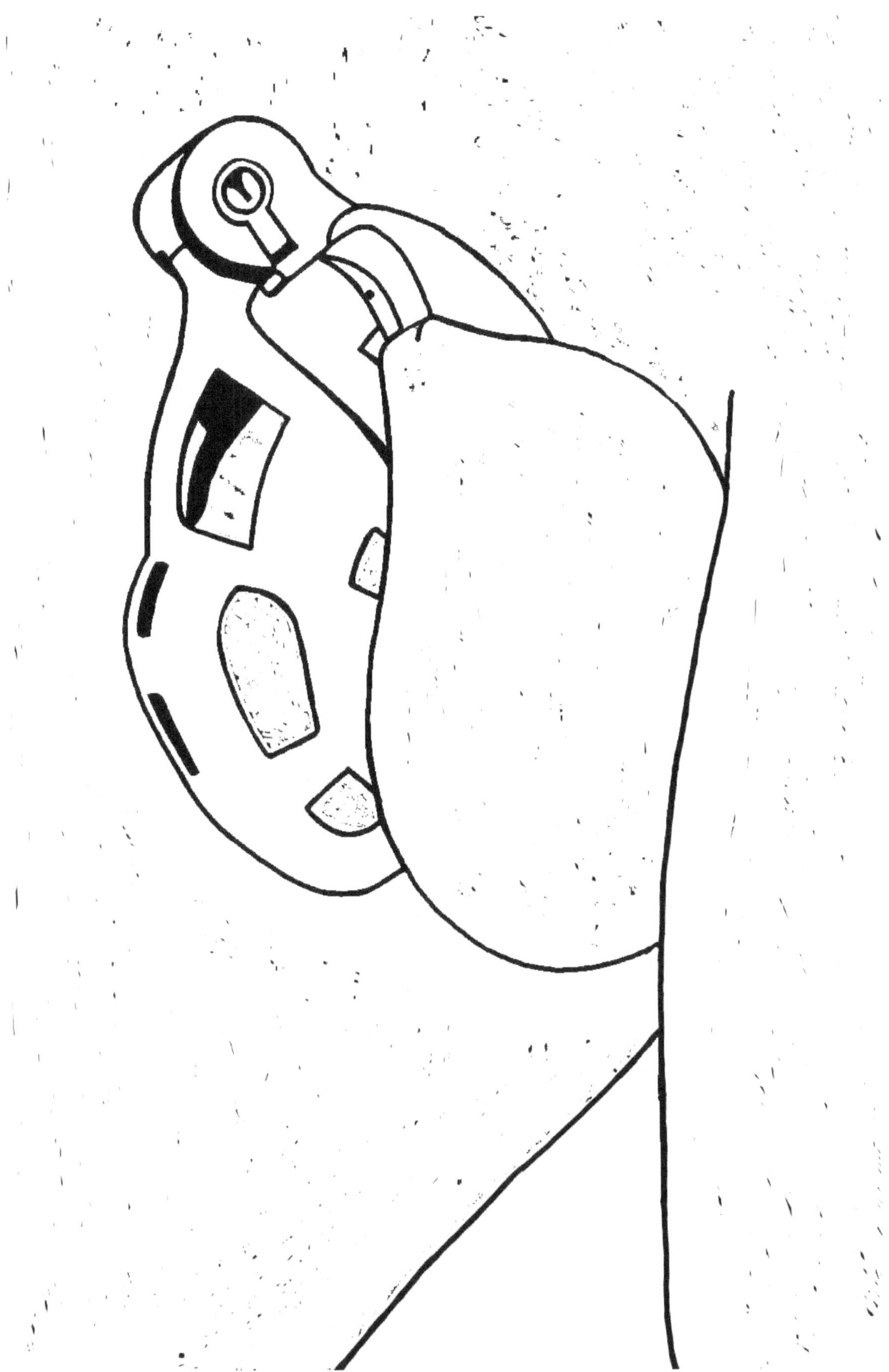

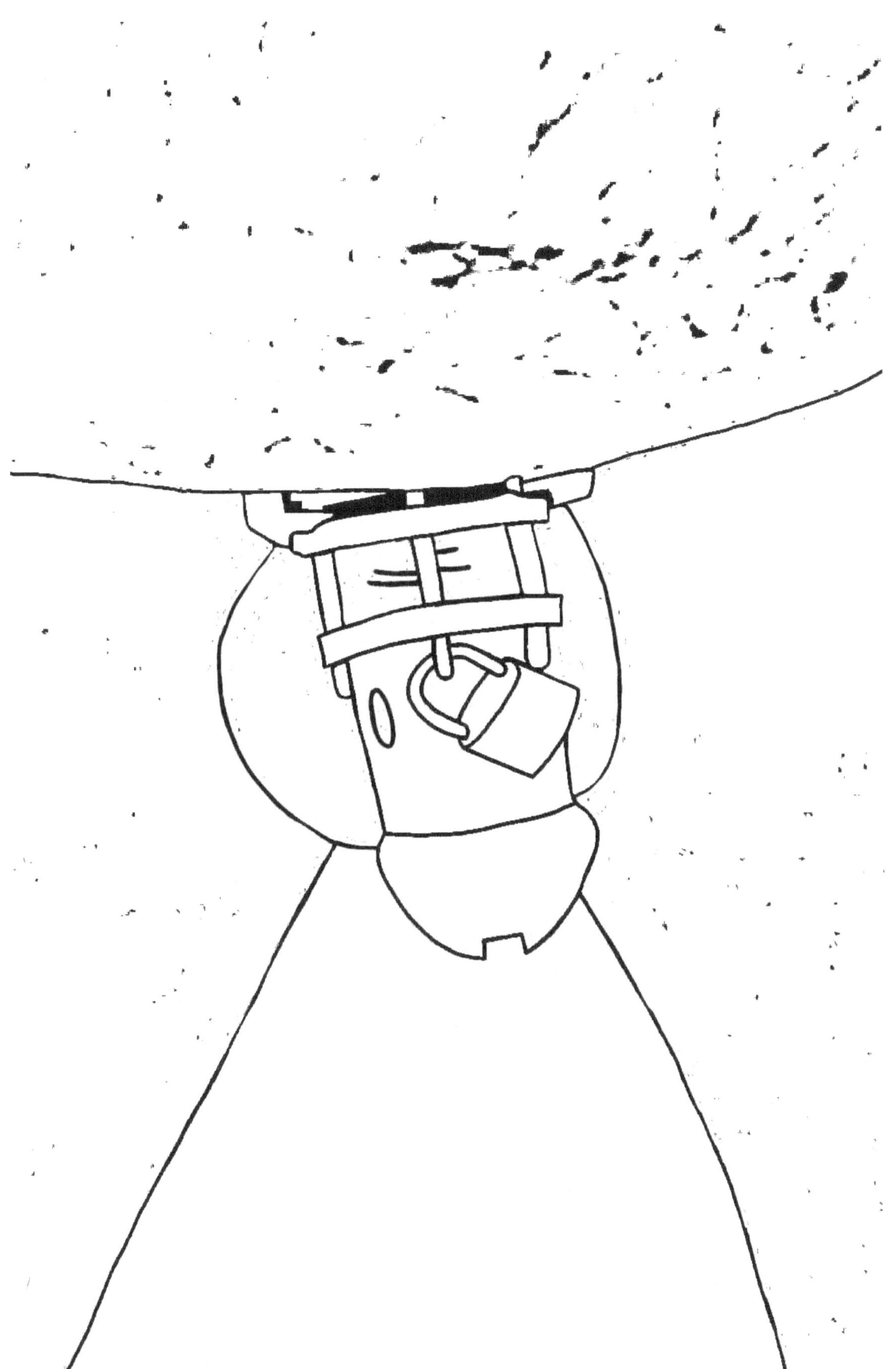

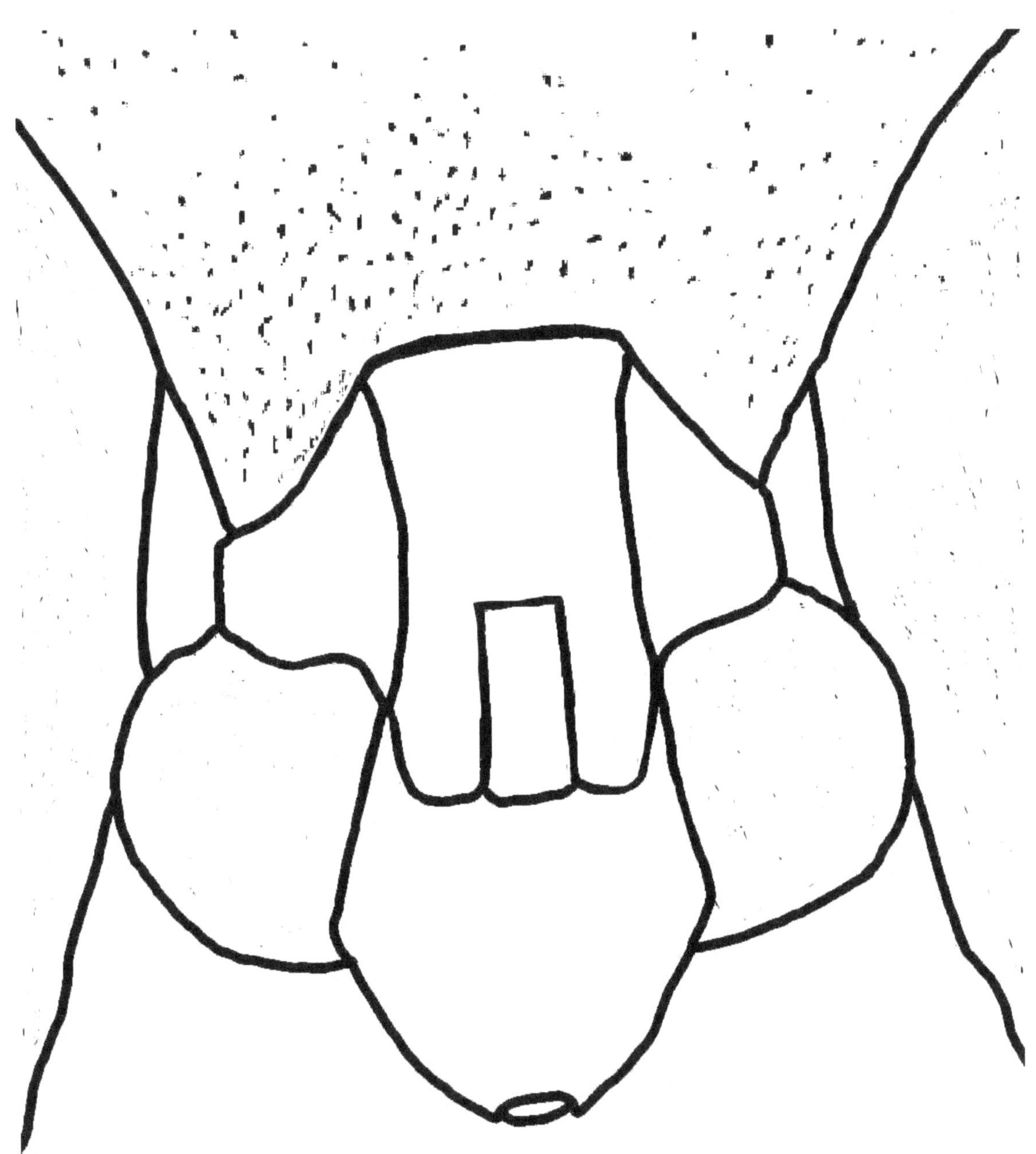

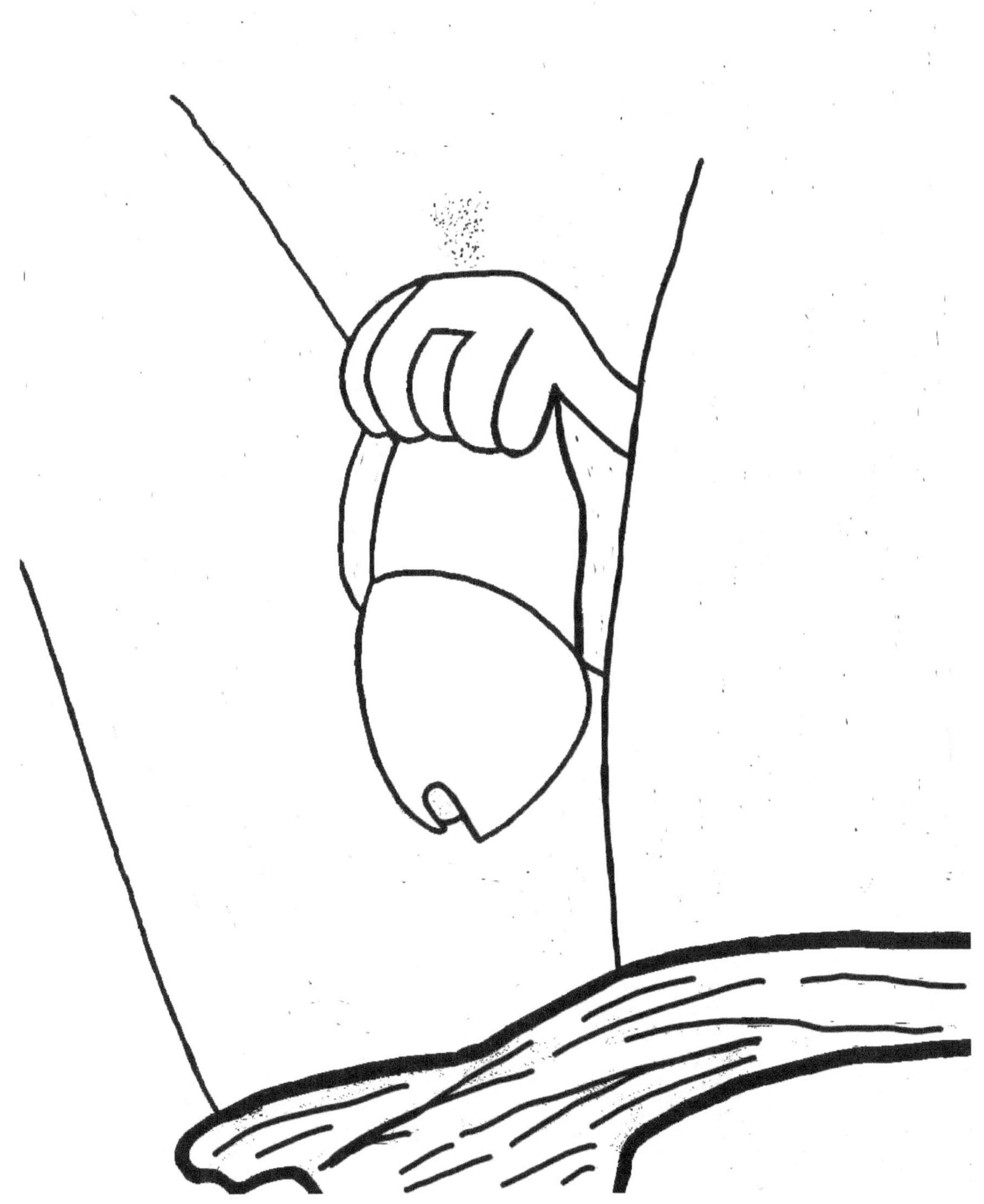

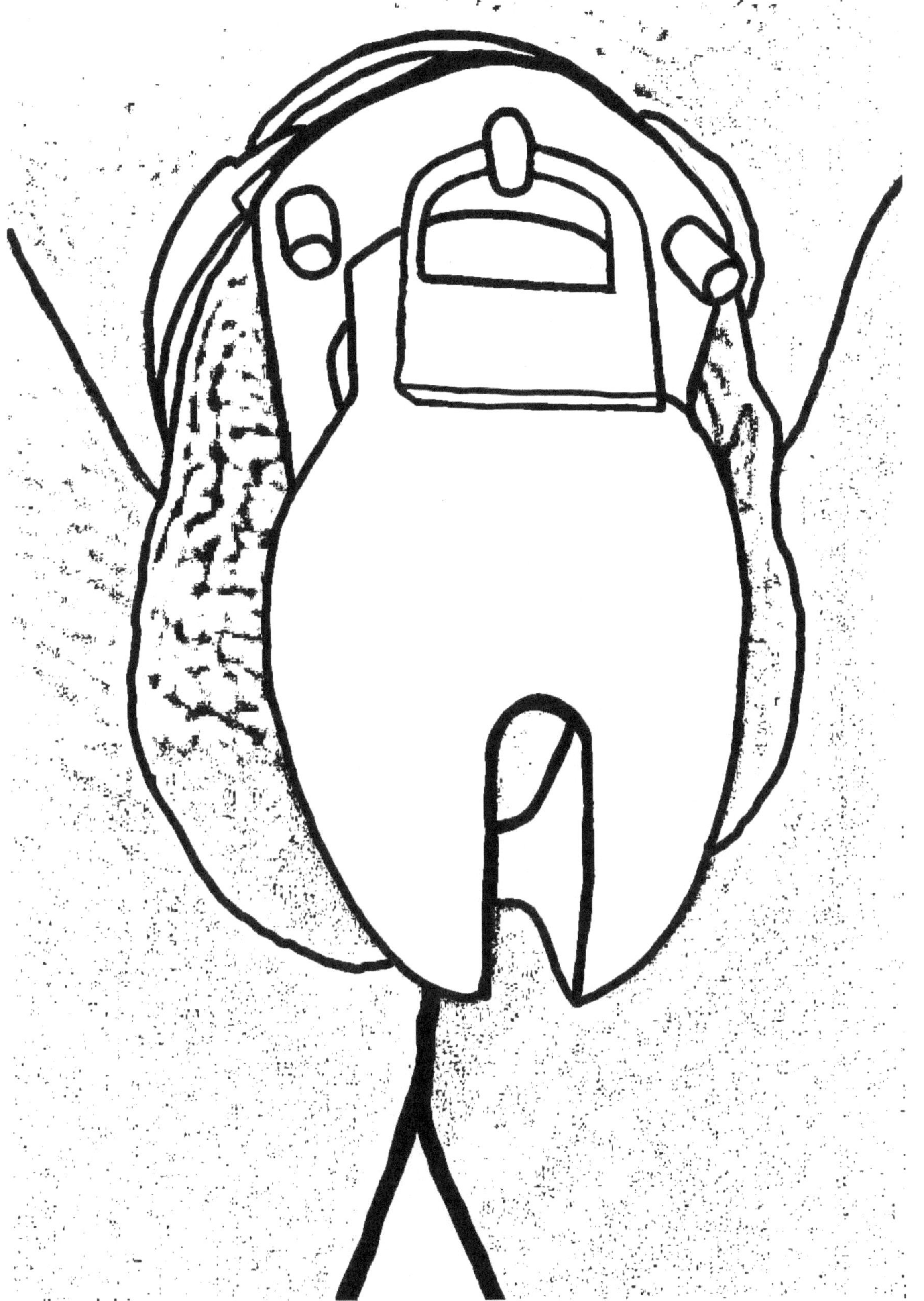

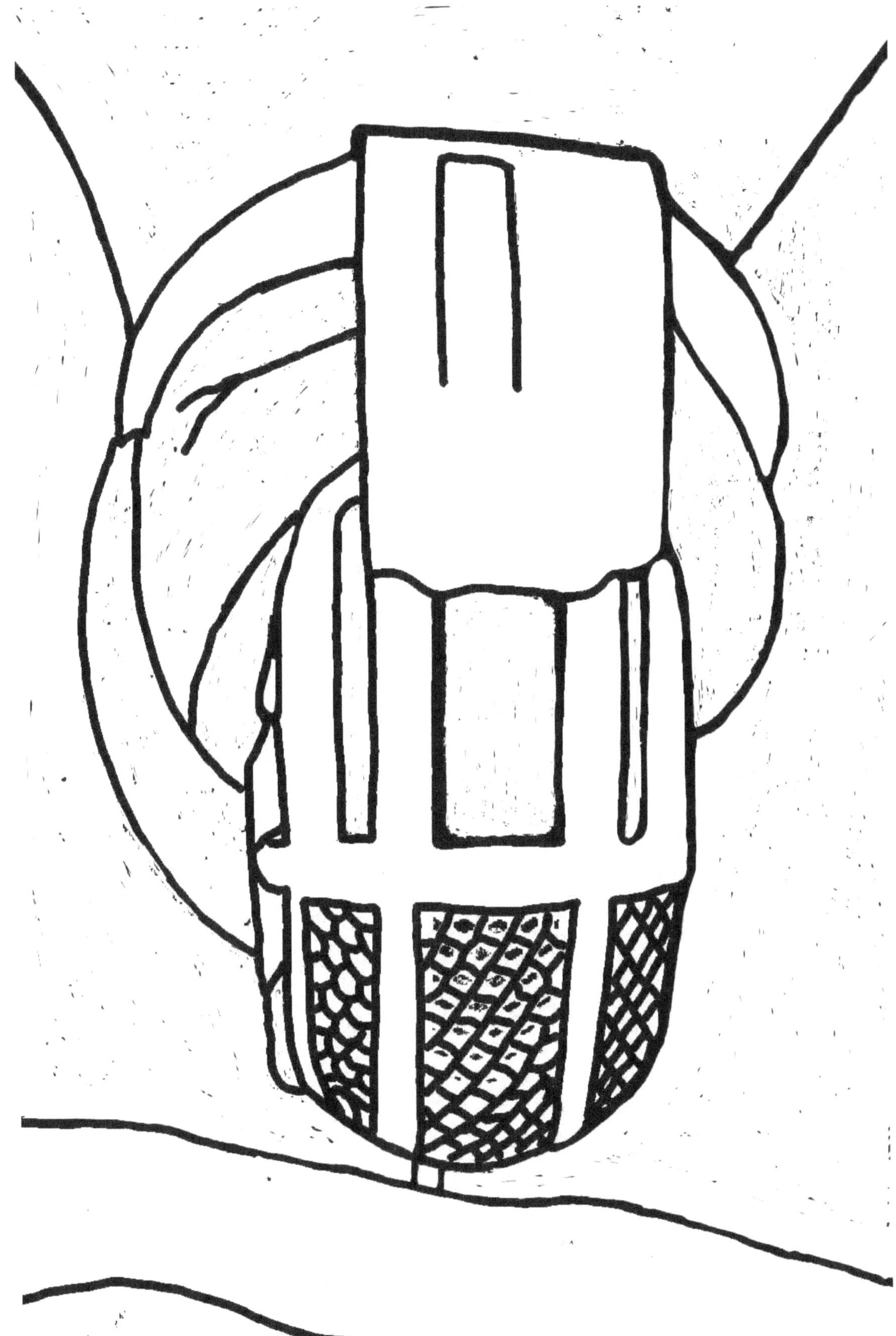

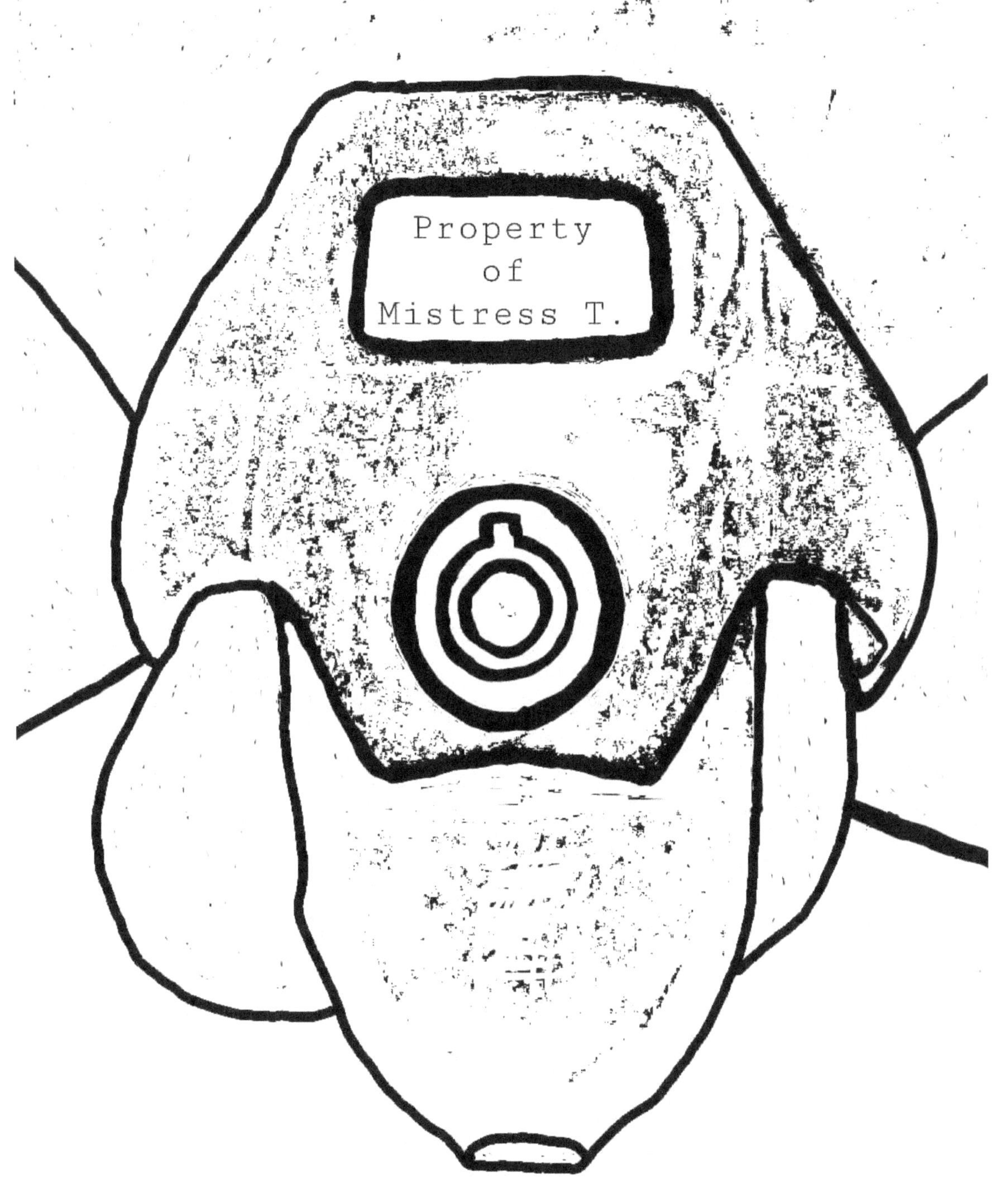

Property
of
Mistress T.

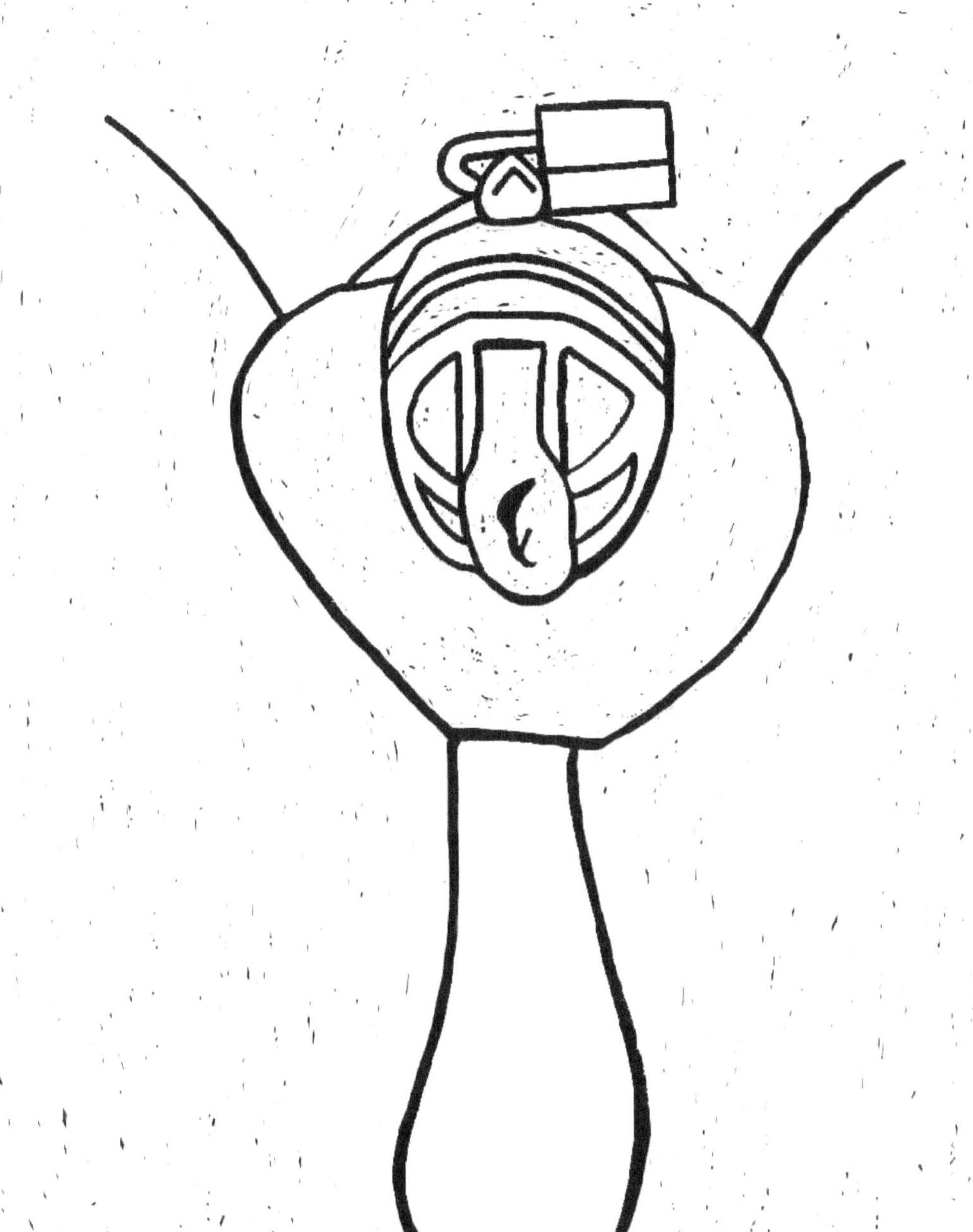

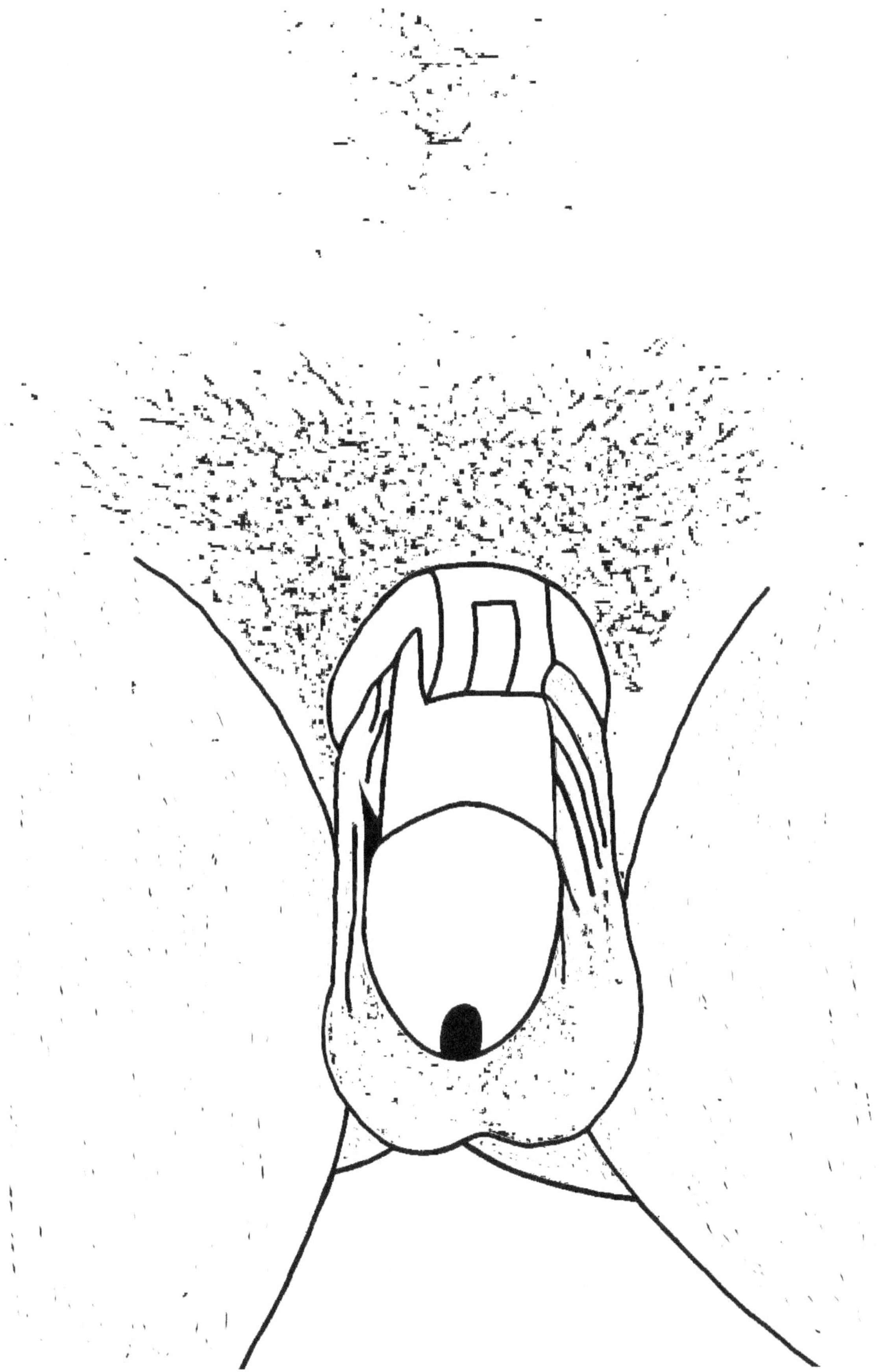

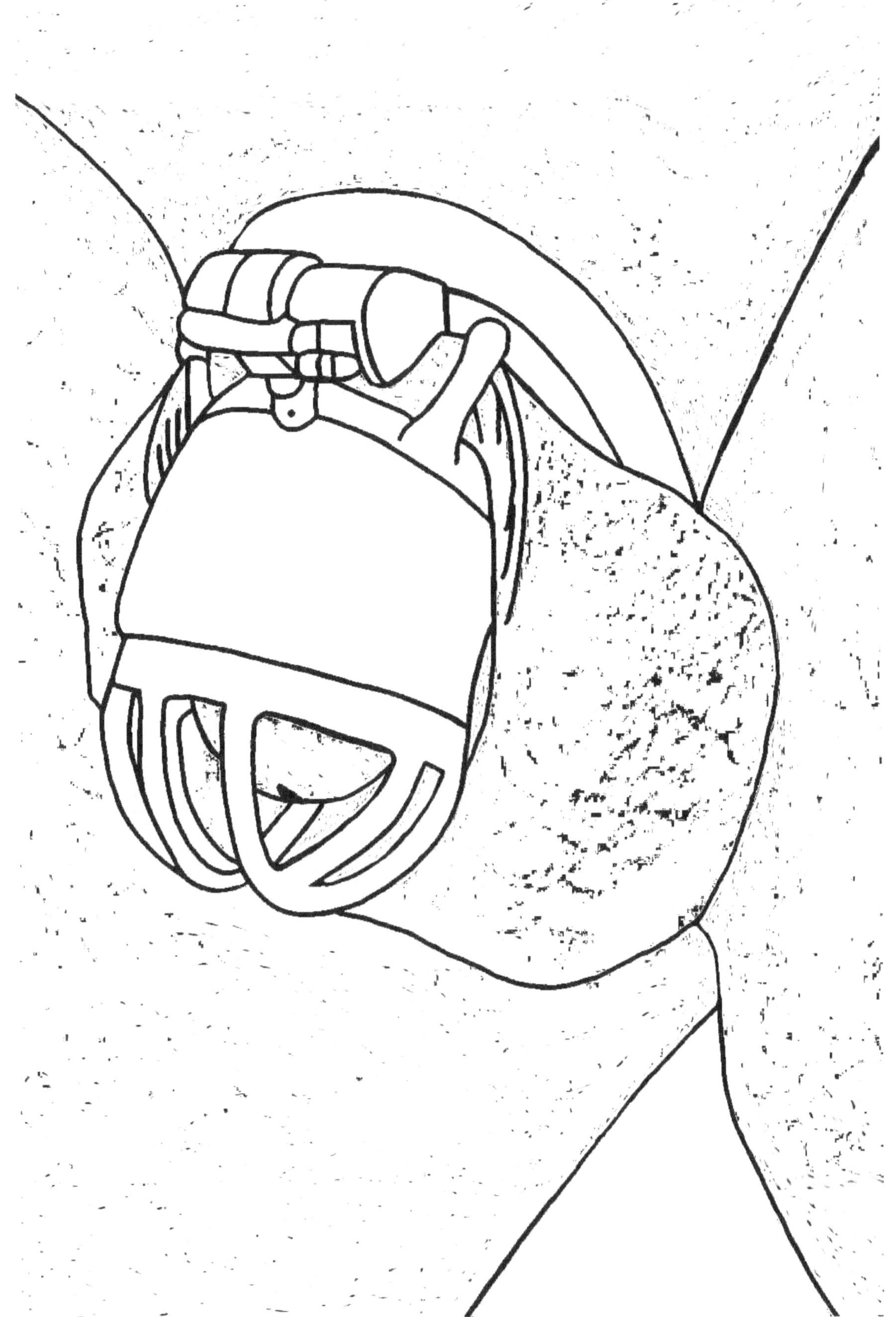

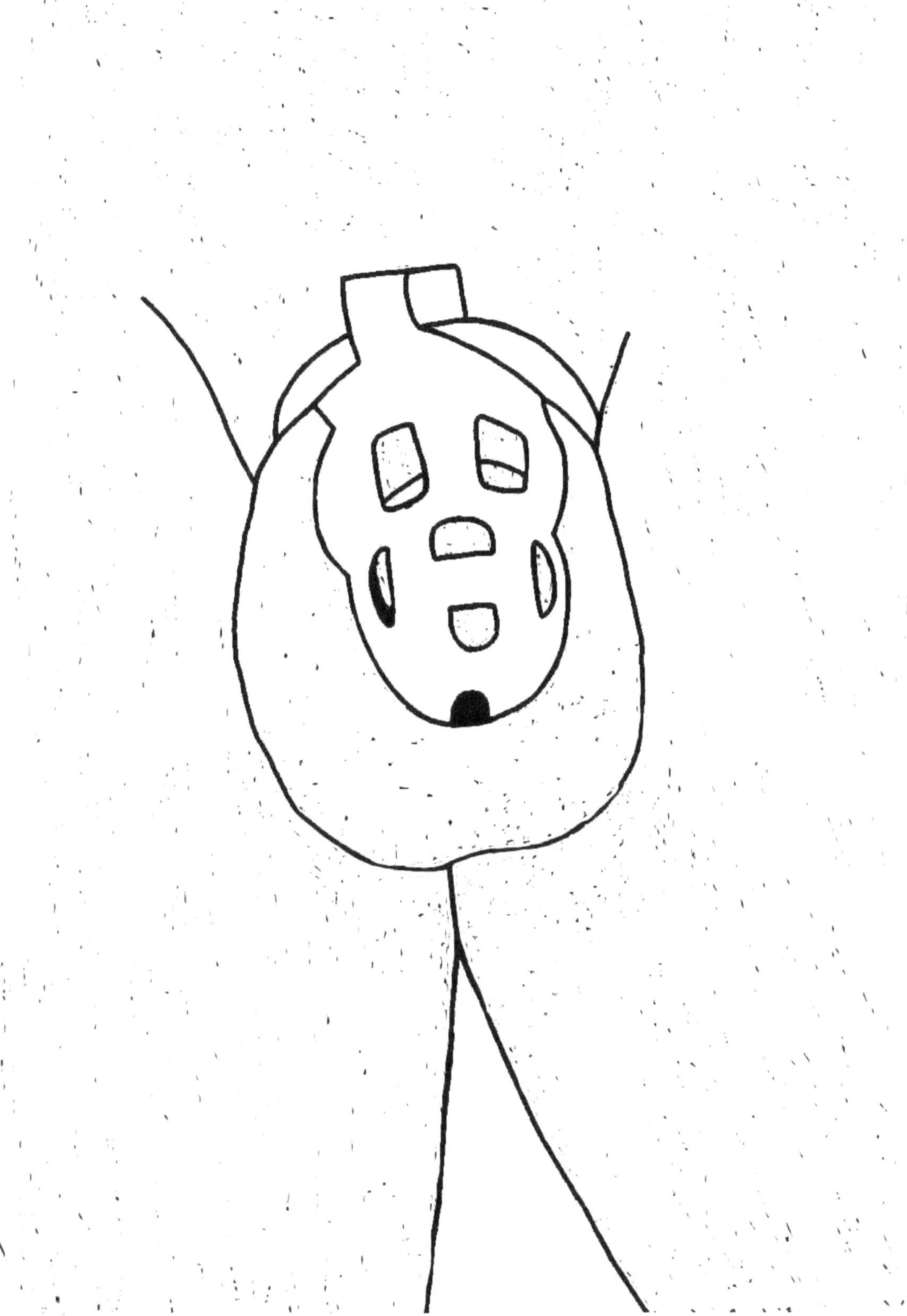

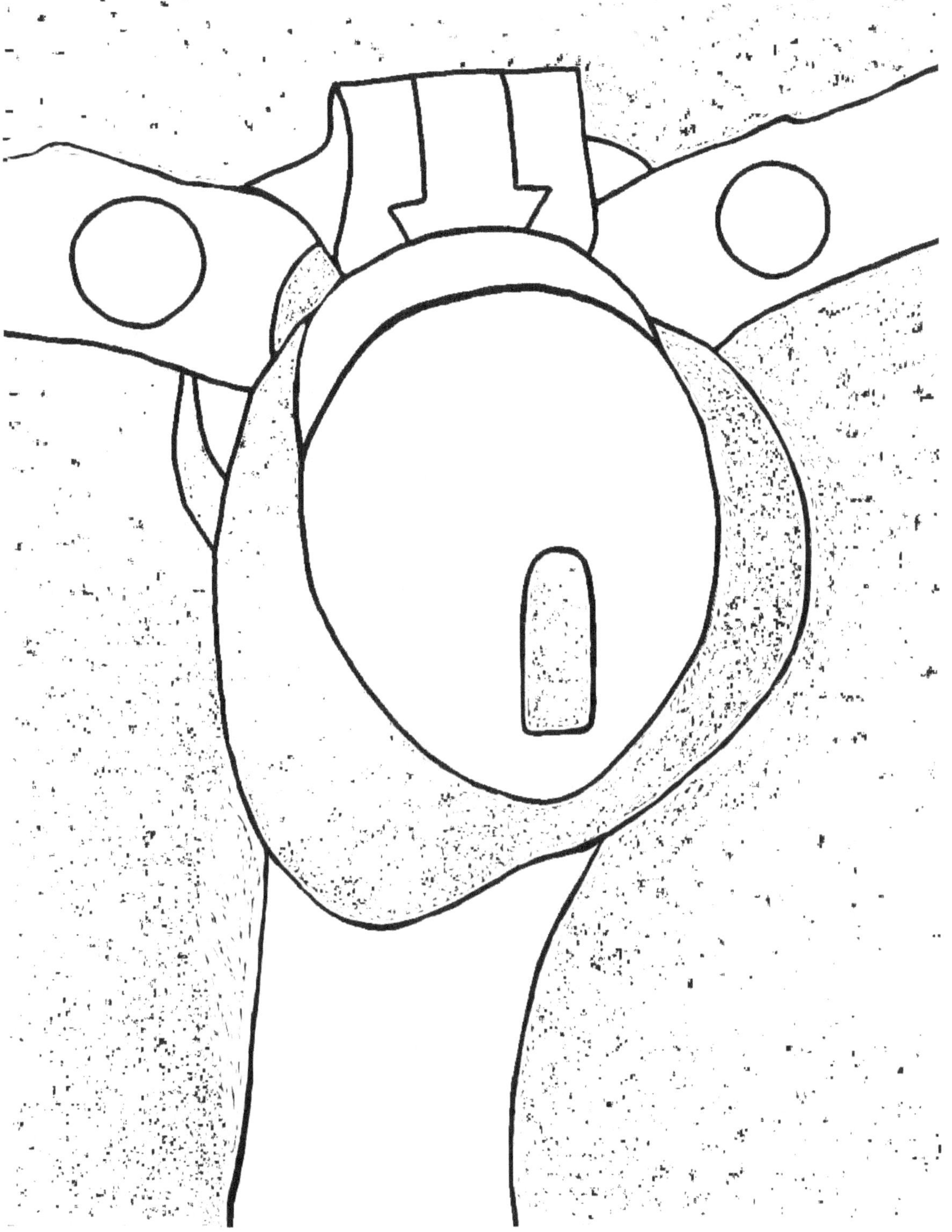

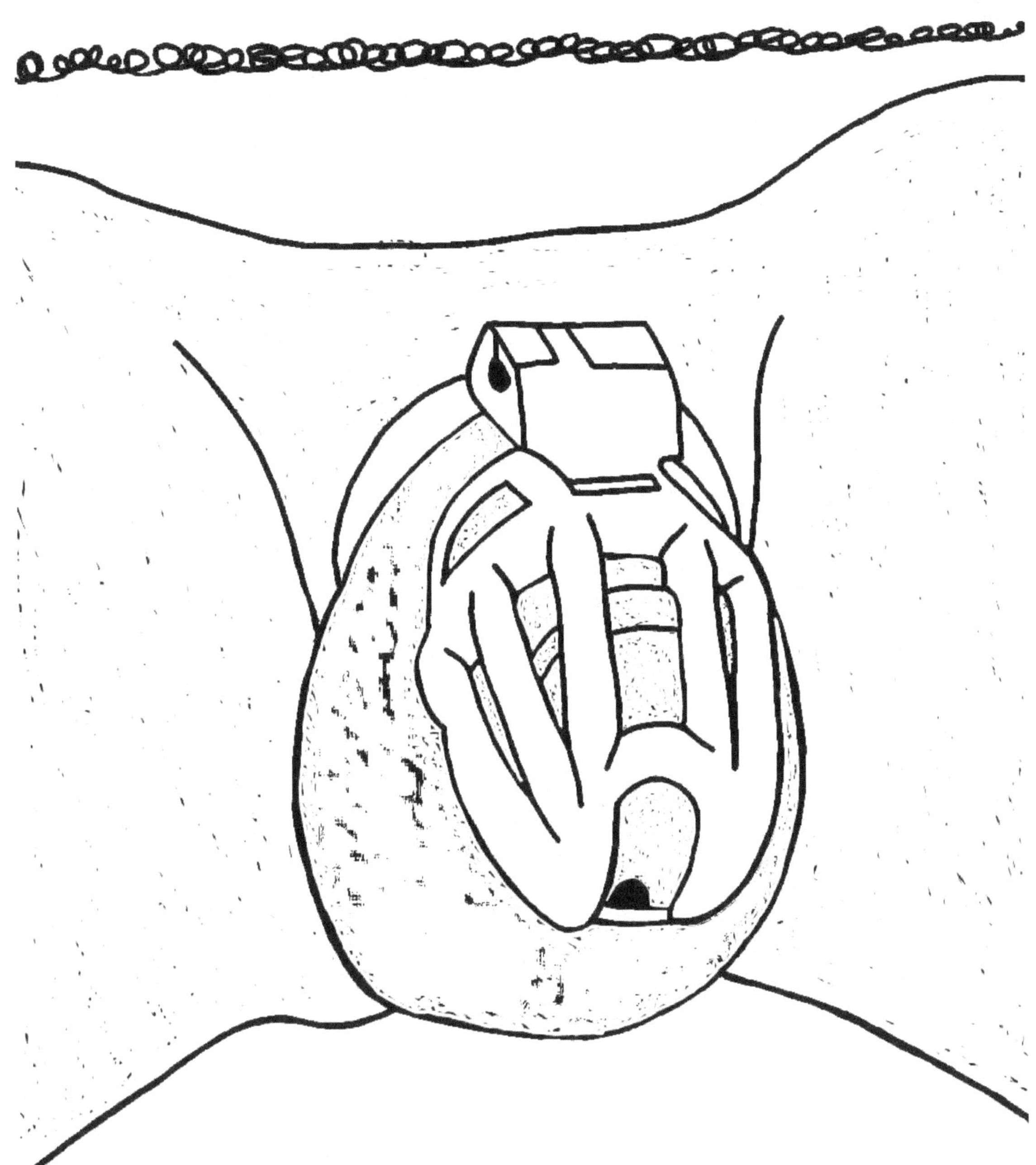

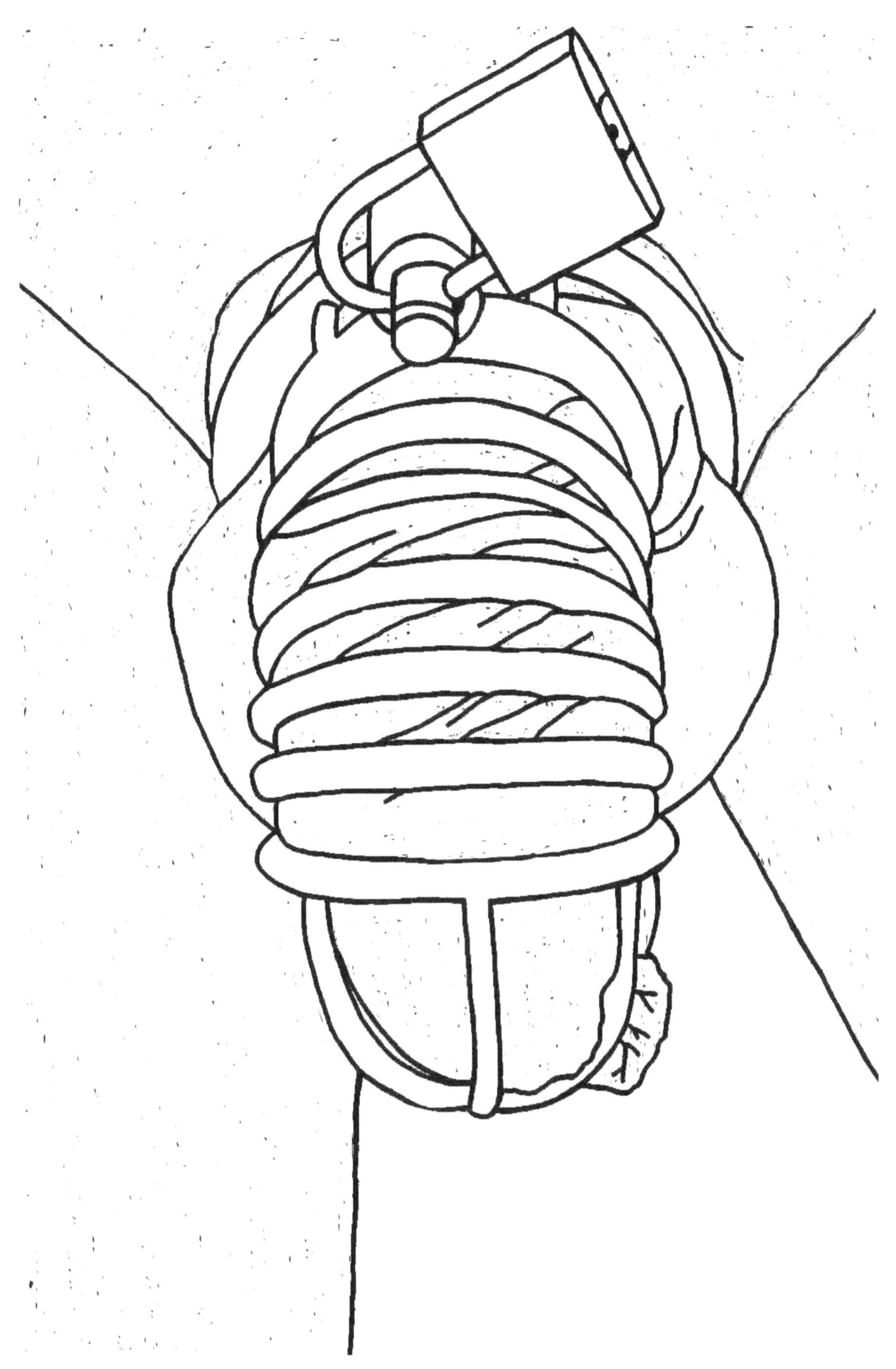

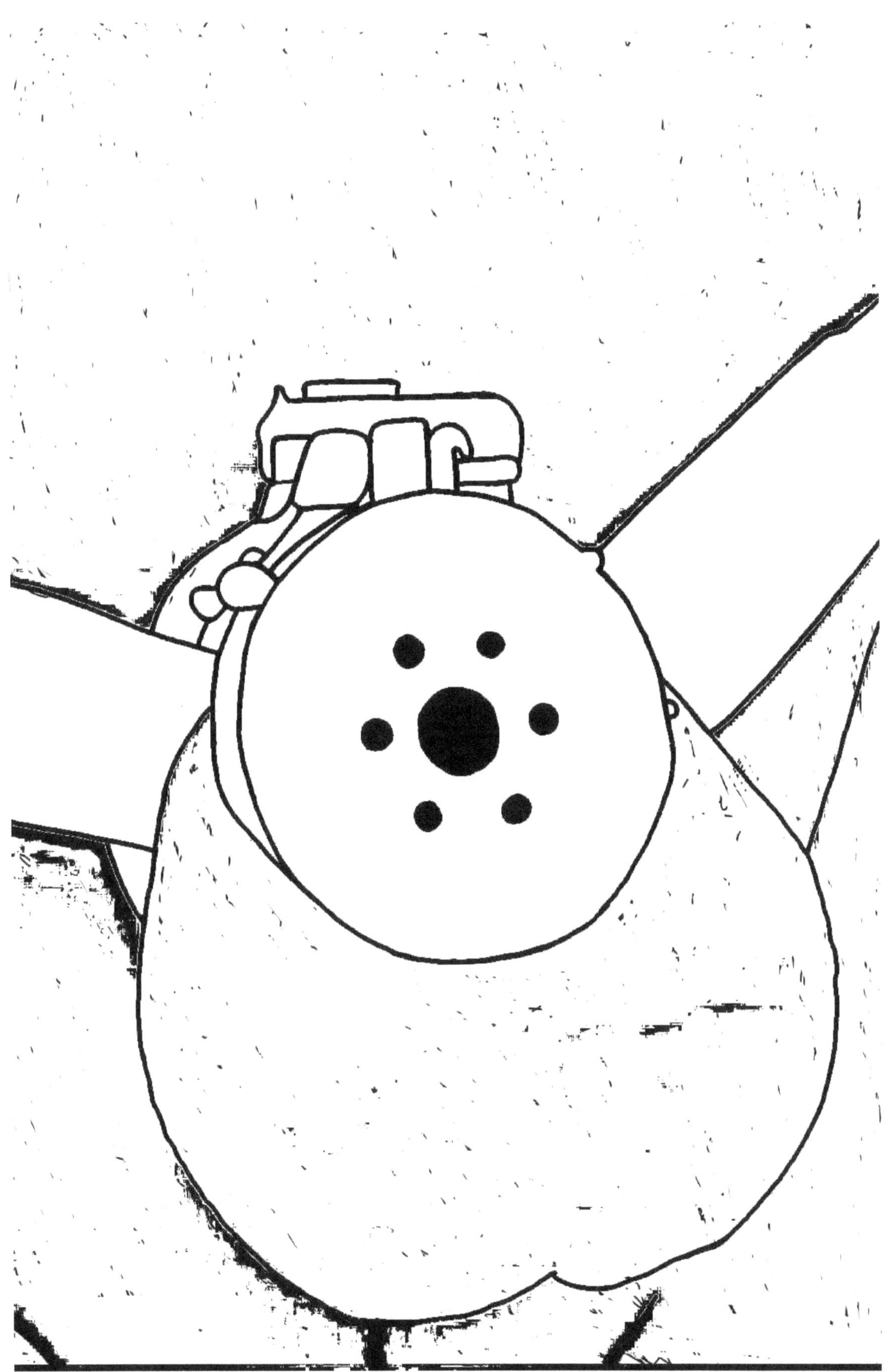

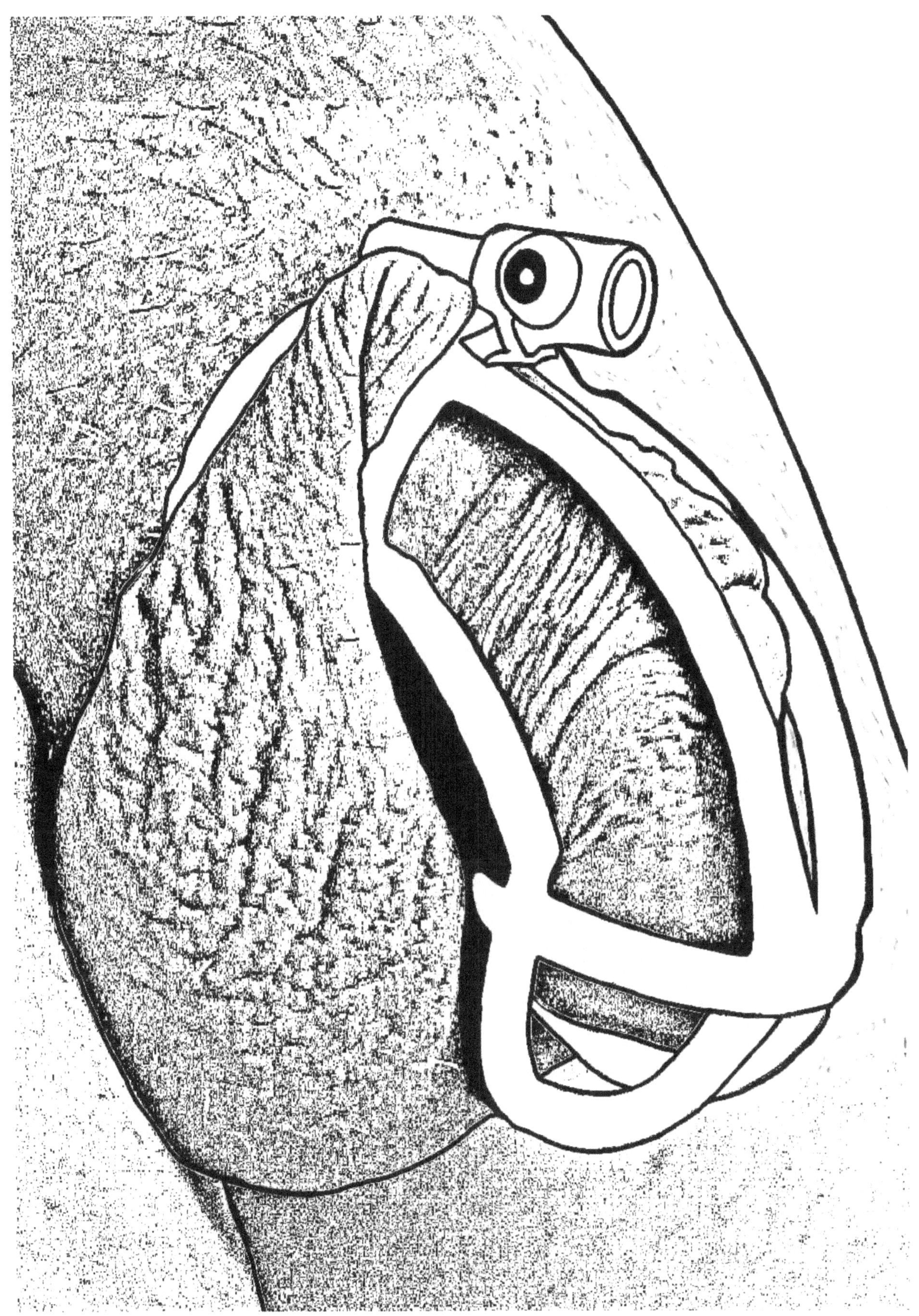

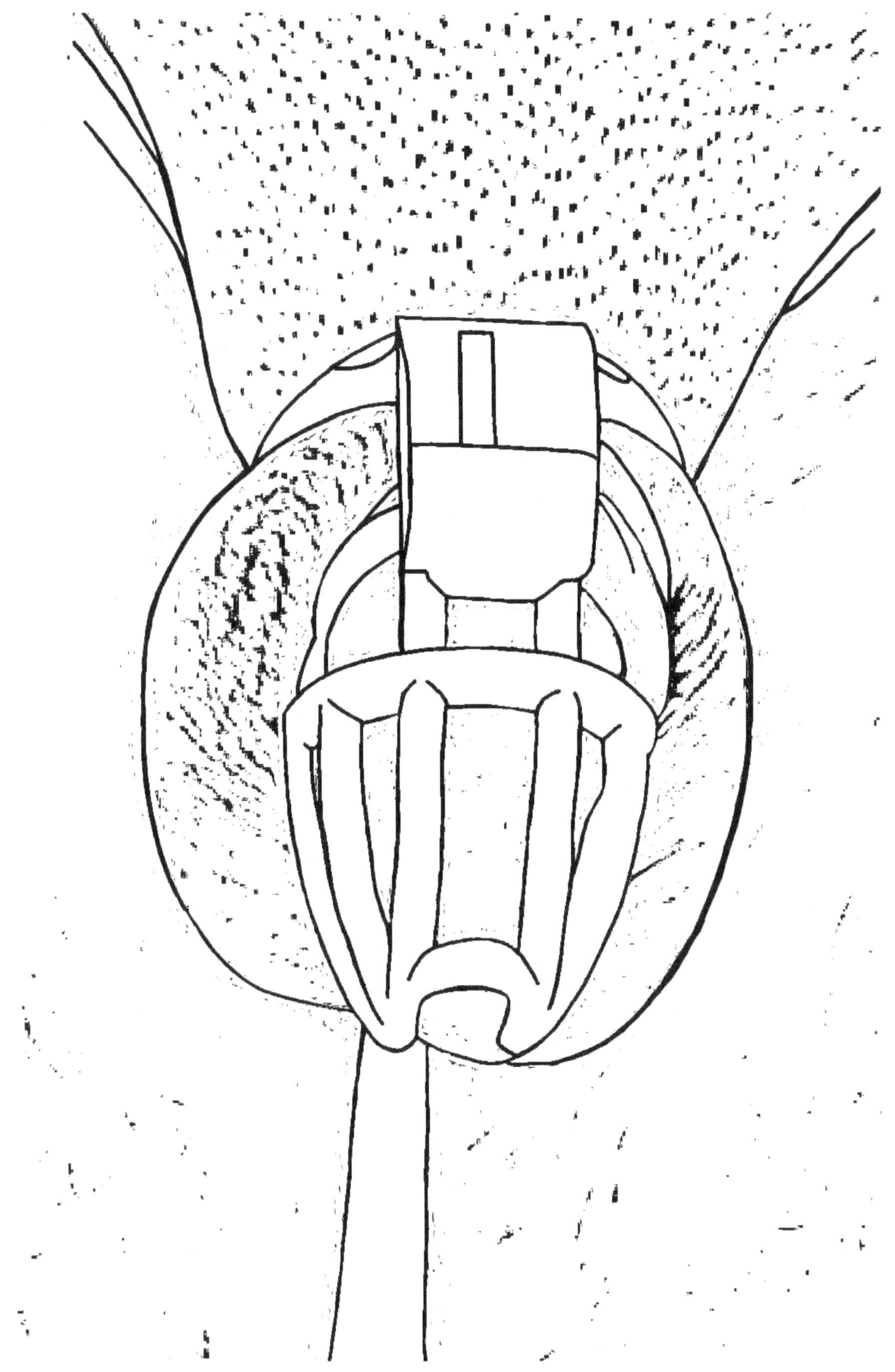

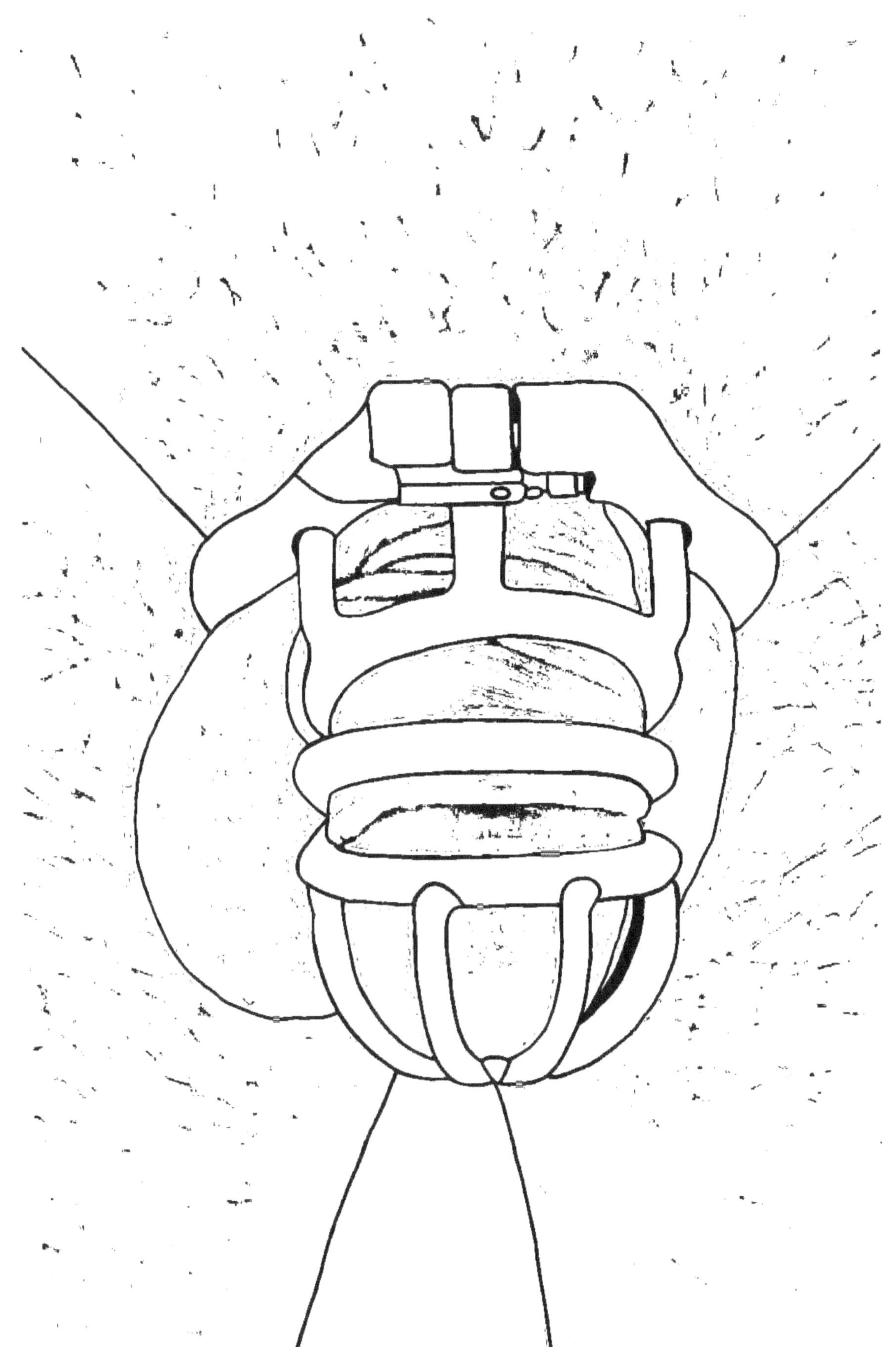

www.ingramcontent.com/pod-product-compliance
Lightning Source LLC
Chambersburg PA
CBHW080943260726
48661CB00010B/4060